Christian Weise

Die drei Hauptverderber in Deutschland

Christian Weise

Die drei Hauptverderber in Deutschland

ISBN/EAN: 9783743371071

Hergestellt in Europa, USA, Kanada, Australien, Japan

Cover: Foto ©ninafisch / pixelio.de

Manufactured and distributed by brebook publishing software (www.brebook.com)

Christian Weise

Die drei Hauptverderber in Deutschland

Die drey Haupt-Verderber In Teutschland/

Vorgestellet

Von

Siegmund Gleichviel.

Im Jahr 1673.

Er weiche und ungesunde Winter hielt gleich mit ungewöhnlichem Sonnenschein an/ und brachte die Stubenhüter in den Städten auf eine frühzeitige Sehnsucht die grünen Felder zu besuchen / als ich gleichfals die Lust zu Gemüth führete/ welche ich neulichen Somer auf meinem geringen / doch vergnüglichen Landgute genossen hatte/und im solcher tieffsinnigen Betrachtung eine und andere Bequemligkeit ansah/derer das unruhige Stadtvolck mehrentheils entrathen muß. Ich hätte lassen anspannen/und wäre meinem Lustwäldgen zugefahren; Aber ich merckte wohl/ ich möchte zu sehr melancholisch werden / wenn ich die kahlen Bäume/ das bleiche Graß / die sumpfichten und ungebähnten Wege/ mit der vormahligen Ergetzligkeit vergleichen würde. Wie etwan ein betrübter Bräutigam seine Liebste im Sarge nicht ansehen kan/so lieb ihm das Anschauen ihrer Schönheit im Leben mag gewesen seyn. Nun ich war einmahl auf düsternde Gedancken gebracht / und weil ich gleichwohl kein Mittel sahe vergnügt zu werden/entfiel mir nachfolgendes Trostlied:

Du grüner Wald mein eintzig Leben/
Wie lange sol ich von dir seyn?
Wenn wird der Früling dir den Schein
Und mir die Freude wiedergeben?
Daß ich die Blum bezierte Bahn
Im kühlen Schatten suchen kan.

Jetzt bin ich in der Stadt gefangen/
Da leb ich zwischen Gunst und Neid/
Und kan den rechten Unterscheid
Auß meiner Einfalt nicht erlangen/
Weil mancher nicht vom Hertzen liebt/
Und doch geschminckte Worte giebt.

Hergegen bleib ich auf dem Lande
Von solchen Nachbarn unverstört/
Und lebe zwar/wie sichs gehört/
Jedennoch ist mirs keine Schande/
Wenn ich den euserlichen Schein
Nicht allzeit wil ergeben seyn.

Ich mag in schlechten Kleidern gehen/
Und gleichwohl lacht mich Niemand auß/
Ich halte wohl und reichlich Hauß/
Und darff doch nicht in Sorgen stehen/
Daß mir ein Klätscher auß der Stadt
Die Bissen nach gezehlet hat.

Ach was vor ärgerliche Sachen
Thut man in Städten frey dahin/
Die auch den aller frömmsten Sinn
Bißweilen geil und muthig machen:
Dort auf dem Felde schauet man
Den offenbahren Himmel an.

Da bleibt die klare Lufft gesünder/
Da wird das Wasser nicht betrübt/
Da wird ein Ehweib recht geliebt/
Da kennt der Vater seine Kinder/
Da läst kein falsches Hündelein
Die Behler vor den Dieben ein.

Da wird kein krummes Recht gesprochen/
Da kommt die Unschuld nicht in Noth/
Da schmeckt man kein gestohlen Brot/
Da wird der Handschlag nicht gebrochen/
Da borgt man nicht auf frembdes Gut/
Da sagt man alles/ was man thut.

Man achtet kein berühmtes Glücke/
Das nur die blossen Augen füllt/
Und das Gewissen wenig stillt;
Man sieht auff keine Gnadenblicke/
Die man mit höchstem Uberdruß
Durch Müh und Dienste kauffen muß.

Drumb haß ich fast mein eigen Leben/
So lang ich meine Sicherheit

 Nicht

arff der grünen Lieblichkeit
inen Feldern wiedergeben.
er Frühling/komm heran/
h die Stad verlassen kan.
sang diß Lied etliche mahl in mein
rdium, und meynte/ es wäre mir
bel nicht gerathen. Gleichwohl spür-
sen grossen Fehler daran/ daß ich
ht trösten kunte/ sondern vielmehr
en hatte/ zu versuchen/ ob man auch
er auf dem Lande könte lustig seyn.
nachte das Wetter so widerwär-
einander lauffen/ als es immer
blieb bey der Resolution spatzie-
n. Es mangelte zwar an Be-
t/ welche mir andere Zeitvertrei-
schlugen; Allein ihr Ansinnen
hts anders/ als daß ich desto stär-
em Vorsatz bekräfftiget ward:
ieß ich alles stehn und liegen/
ff mein Kütschgen/ und nahm/
uffgehalten zu werden/ von al-
kurtzen Abschied.
icht/ ob ich so tieff in Gedan-
oder ob mich der ungewöhn-
er Winterbahne so entzückt
ist gewiß/ ich war als in einem
Trau-

Traume/biß ich gleichsam auß dem Schlaffe erwachend / die Augen umb die gantze Gegend fliegen ließ/ und die Eitelkeit aller menschlichen Vergnügung bey mir bedachte. An diesem Orte / sagte ich/ haben die schönsten Blumen ihre Anschauer angelachet: Jetzt ha. das überflüssige Gewässer alles überschwemt. Hier stunden die Bäume voller Frucht: Jetzt haben sie auch die Blätter verlohren/ als wenn die Natur mit solchen Besen alle Lust und Beliebligkeit außkehren wolte. Wer sieht es nunmehr den Auen an / daß vor kurtzer Zeit so eine unbeschreibliche Menge groß und klein Vieh darauff herumb gesprungen? Wer meynte / daß der stille und kalte Wald so viel tausend Vögel zu der wunder schönen Music unterhalten hätte. Alles ändert sich/ und wenn wir die vielfältige Veränderung offt genug betrachtet haben/ kommt die Reyhe auch an uns. O wie viel Exempel von unterschiedenen Leichen werden täglich vor unsern Augen vorbey getragen / die wohl nicht gedacht hätten/ so zeitlich in das Wintermässige Todten-Register zu kommen/ und wir meynen nicht / daß diese Erinnerung uns auch angehe / und daß einem jeglichen begegnen könne/ was einem widerfahren ist. In sol-

 cher

Ach man kan es leicht versiehren/
Ja die Zeit ist als ein Fluß/
Welcher alles mit sich führen/
Und in sich verschlingen muß/
Unsre süß und saure Stunden
Finden einen gleichen Lohn/
Hat man Gestern was empfunden/
Heute fühlt man nichts davon.

Auch die Hoffnung/ so uns kräncket/
Stellt sich niemahls würcklich ein/
Nur daß unser Hertz gedencket/
Morgen wird es besser seyn/
Sonsten bleibt auff allen Seiten/
Kummer/ Kranckheit/ Angst und Noth/
Und eh wir uns recht bereiten/
Uberfällt uns gar der Tod.

Ach wohin sind alle kommen/
Die vor tausend Jahren schon
Ihren Abschied fort genommen/
Und was haben sie davon/
Ob sie reich und arm gewesen/
Ob sie mächtig oder klein/
Ob sie witzig und belesen/
Oder thumm gewesen seyn.

Alles ist nunmehr vergangen
Durch den Rauch der Eitelkeit/

Also weiß auch unser Prangen
Gantz von keiner Sicherheit/
Ach wir habens offt erfahren/
Was der Tod vor Leute frist/
Und wer weiß/ob in zwey Jahren
Etwas von uns übrig ist.

Drumb wohl dem/den seine Sinnen
Dieser schnöden Welt entzeucht/
Und sein Lassen und Beginnen
Mit dem Himmel schon vergleicht/
Da das Leben sonder grauen
Stete Wollust sonder Pein/
Hier im Geiste/dort im Schauen/
Muß von uns ergriffen seyn.

Ich wolte mich auff die nachfolgende Sätze besinnen / aber mein Knecht that mir den Possen / daß er auß Unvorsichtigkeit / mit den Pferden in ein Loch gerieth / daß ich groß Glücke hatte / noch vom Wagen zu springen: Ich ließ den unachtsamen Vogel stecken/ und befahl er solte nachkommen/ich wolte vollends zu Fuß hin spatziren. Hiemit schlug ich mich von der ordentlichen Strasse ab/ und suchte einen nahen Fuß-Steig durch den angelegenen Lustwald / und wuste wohl/ daß ich bey einer finstern und furchtsamen Klippe verbey gehen muste / aber ich hatte

doch

doch das Beste vergessen/ und zweifelte/ ob ich mich mich auff die rechte oder auff die lincke Hand umblencken solte. Darumb als ich dazu kam/ stund ich stille/ und bedachte mich; es wolte mir aber nichts einfallen/ dabey ich den Weg unterschieden hätte. Nur dieß war mein Trost/ daß ich Leute hörte/ oder doch in der Einbildung war/ als hörte ich iemand kommen; also resolvirte ich mich/ so lang zu warten/ biß mir iemand Bericht geben könte. Unterdessen betrachtete ich die Klippe umb und umb/ wie die Natur gleichsam ein künstliches Gewölbe an die andern Felsen angehenckt hätte/ und verwunderte mich/ in der obersten Runte/ daß der Regen solche Gewalt haben solte/ Stein und Felsen nach und nach außzuwaschen. Endlich vertieffte ich mich in dem finstern Spaziergange so weit/ daß ich zu einem kühlen Brunnen kam/ welcher oben von dem Berge als ein Crystal hinab fiel/ und durch sein anmuthiges Rauschen/ einen schwachen Wiederschall in der Höle verursachte. Der stete Fall hatte den Stein so hol gemacht/ daß sich das Wasser in einer zierlichen Runde versamlen konte/ und war mir sehr ergetzlich/ etliche mahl umb den Brunnen herumb

zu gehen. Aber ich weiß nicht/ was mit
esem einsamen Orte vor ein heimliches
sen ankam/ daß ich wündschte/ drauß
seyn. Gleichwohl hatte ich mich bey dem
ne so vielmahl herumb gedrehet/
h die Spuhr verlohren/ und nicht
welches der rechte Weg zu rück wä-
ch meynte zwar/ ich hätte ihn gar
troffen/ und sahe auch ein offenes Loch
da ich nicht irren konte. Doch als
ß kam/ war altes anders. Da war
g/ den ich hätte fortsetzen können/
lles mit Stein und Felsen beschlos-
iengen die Bäume oben in der Hö-
rlich/ daß ich befürchte/ jetzt wür-
t Strumpff und Stiel auff mei-
fallen. Ich muß gestehen/ ich
ich wäre draussen geblieben/ aber
h halff nichts/ und ie weniger mei-
fft zu rathen wuste/ desto grösser
Furcht/ absonderlich weil ich
ngeheuren Steine diese Wort
achsen sahe/

nde Freund
r Teutschen Feind

ite ich/ bistu unter die Hunde
hastu in Teutschland einen

Ort

Ort angetroffen/da die Teutschen nicht sicher sind? Ich wolte sagen/ es hätte ein räuberischer Jäger seine Residentz allhier/ wenn ich begreiffen könte / warumb die Jäger den Teutschen nicht gut wären/und warumb man an diesem Ort lieber ein Hund als ein Teutscher seyn solte. Möchte man doch wünschen/ ein paar junge Hündgen im Leibe zu haben/ wie etwan in der Braunschweigischen Chronicke von einem Bürger zu Hannover umb das Jahr 1580. erzehlet wird/ daß man also auff beyden Partheyen könnte fort kommen. Dieses war mein Schertz/ aber ich weiß am besten/wie angst mir dabey war. In der Wüsteney mochte ich nicht bleiben/ durch die Hölle furcht ich mich zu rück zu gehn / und über den Berg war es so unmöglich zu klettern/ als wenn ich eine Wand solte hinauf spatzieren. Dazu kam ein abscheulicher Anblick/ dessen ich in einer Ecke gewahr ward. Denn da stund ein grosser in Stein außgehauener Hũd/ mit bleckenden Zähnen / und außgestreckter Zunge so naturell daß ich anfangs meynte/ die Bestie wolte mich verschlingen. Unterdessen war so viel Moß und Unflat herumb / daran ich erkennen muste / wie daß ich vor keinem Bilde erschrecken durffte. Ich gieng

nä-

/befand/das Werck müsse scho
auch/ daß etliche Schrifften hier-
welche ich doch weder lesen noch
nte. Etliche Lateinische Worte
einer Tafel allein

MEMOR. INJUR.
ES. TOTI. PATIENT.
CANIS
ERPET. LATRATUR.
RICHT. APER.

te gern einen Criticum bey mir ge-
solches erkläret: noch lieber einen
der mir den Weg nach Hause ge-
Inzwischen dacht ich/ wer doch im-
dem Hunde Unrecht gethan / ob et-
Norwegische Hund / welcher von
veden zum Vice-Re daselbst gesetzt
öchte hieher verbannet seyn. Und
Gedancken sahe ich mit grosser Ver-
g / wie oben auß dem Berge ein
der vielmehr ein zäher Safft her-
e/ welcher alsobald in einen Stein
lt wurde; Ich konte auch leicht
diese Höhle müsse nicht unbewohnt
l die Seulen / so unvermerckt auff-
n schöner Ordnung gehalten waren/
schiedene Schrifften hie und da ein-

gegra-

gegraben stunden / mehrentheils in frembden und unbekanten Characteren / ohn daß in der Mitten auf einem polirten Qvadrat zu lesen war:

MISTEVO.

Jemehr ich suchte / ie weniger ich fand / das mir gedient hätte. Denn ich bin die Zeit meines Lebens auf dergleichen Curiositäten nicht verpicht gewesen / daß ich an solchem Anblick mich ergetzet oder getröstet hätte. Und also war mir alles verdrießlich. Aber wie fiel mir das Hertz hin / als ich iemand hörte gelauffen kommen: es hieß mit mir / lauter Hertz / lauter Hertz / und doch kein Hertz. Ich sahe mich umb / als wie die Gänse / wenn es wetterleucht / und erkante vom Weiten etliche Knaben / welche zwar auf zween Füssen lieffen / und die Köpffe oben hatten / im übrigen aber dem Bergmännichen viel ähnlicher sahen / als einem leibhafftigen Menschen. Sie rufften mir viel zu / ohn daß ich verstund / was sie meynten / sie wiederholten auch kein Wort so offt / als pocèm pocèm. Ich dachte bey mir selbst: Ihr Schelmen / wollet ihr Lateinisch reden / so Küß euch ein ander das Vocabel Buch: aber wer mit dem Schwerd hätte mögen drein schlagen! sie sprangen umb mich herum als

Weg zurück gieng/ als die losen Vögel schon wieder bey mir waren / und voller Freuden umb mich herumb tantzten. Und das währte nicht lang/ so kam ein langer ansehnlicher Mann/in einem gelben grossen Barte;auf dem Kopffe war an statt der Federn ein Hundeschwantz/der Rock mochte vor diesem neu gewesen seyn/aber nur wuste ich nicht/ob ich Leder oder Tuch darauß machen solte. Darzu war ich von Schrecken so ein genommen/ daß ich mich über seine Tracht so ordentlich nicht verwundern kunte. Er gieng stracks auf mich zu / und sagte; Ihr werdet zu denen auß Teutschland gehören. Was solt ich sprechen? hätt ich Ja gesagt/so möchte mirs nach der Uberschrifft gangen seyn/ und hätte ich meinen Feind gewiß für mir gehabt: drumb daß der gute Kerl mercken solte/wie mir mit seinen Discursen gar nicht gedienet wäre/ fragte ich ihn hingegen; Mein Freund/wo geht denn der rechte Weg zu? Er antwortete bald/ Ich bin deßwegen da/ihm auffzuwarten/Er folge mir getrost nach/König Mistevo ist nicht weit/und wird sehr gerne vernehmen / daß die Herren Abgesandten sich eingefunden. Ich hatte ihn gebeten / er solte mich herauß führen / so wolte er mich tieffer hinein bringen. Drum sagte ich noch einmahl / Ich werde hier nicht recht gehn / ich wolte gern hinauß: aber es halff nicht / er nahm mich bey der Hand / führte mich zwischen gedachten selbwachsenden Seulen hin / in einen langen finstern Gang / da ich und mein Wegweiser nichts gesehen hätten / wenn nicht von weitem ein brennender Ofen gewesen / der ein wenig Liecht von sich gegeben / daß man nicht sagen könte / es wäre gantz finster. ich fieng an zu schreyen / wo führet ihr mich hin? Er lachte / und fragte / was mir so erschröcklich fürkäme / er wolte bald herauß kommen; wiese mir auch alsobald eine weite steinerne Treppe / da wir durch ein klein Loch das Tagelicht empfunden / und desto behender hinauff stiegen. Darauff ließ er mich auf einem kleinen Saale gantz allein / mit Versprechen / er wolte mich anmelden / und bald wieder bey mir seyn. Nun geb ich einem iedweden zu bedencken / was ich vor Grillen muß gehabt haben. Der frembde Kerl mochte mich vor einen unrechten ansehen / und wolte mich an einem Orte anmelden / da ich nichts zu verrichten

ten hatte. Ich sahe auch an die Wohnung/ daß keine annehmliche Cõpagnie möchte beysammen seyn. Denn die Hundsköpffe und Hundefelle waren die beste Zierath. Zwey Bilder fand ich auch/ bey einem war angeschrieben BERNHARDUS DUX SAXON. ET. LUNEB. bey dem andern THEODORICUS MARCH. BRANDENB. Sie waren aber so durchstochen / und zerrissen / daß man die Personen mit ihren Lineamenten wenig erkennen konte. Ja wohl / dacht ich/ müssen hier der Teutschen Feinde wohnen/ weil man der Alten löblichen Vorfahren Bildnüsse so übel leiden kan. Und wie müssen sie mit den lebendigen Leuten verfahren. Tausenderley andere Gedancken hatte ich/ die nicht zu beschreiben sind / biß mein voriger Wegweiser nebenst andern dreyen zu mir kam / mit vermelden / es wäre Ihr. Königl. Maj. sehr angenehm / daß die abgeschickten auß Teutschland wieder zurück kämen/ich solte mirs lassen wohlgehen / biß sie anlangten. Hierauff fragten sie mich/ ob die Herren noch weit wären? ob ich zu Fusse oder zu Pferde kommen wäre? absonderlich war einer/ der nicht viel in Teutschland mochte gereiset seyn/ der wolte auch geredet haben/ und fragte/ Ist

sich

sich Herr Pferd been lauffe? Iß sich Herr braff sauffe/ und iß sich Kopff franck? Mehr dergleichen schöne Fragen kamen auf mich loß/ und ich armer unschuldiger Schweiß wuste nicht einmahl/ wie ich die Erste beantworten solte. Hätte ich auch was gesaget/ wäre es leichtlich herauß kommen/ wie mit jenem Candidaten Magisterii/ der gefragt ward/ quot sunt Musæ, und zur Antwort gab. Sex, ut re mi fa sol la, doch an statt daß dieser außgelachet worden/ stund ich in höchster Leib- und Lebens Gefahr/ und beschloß derohalben/ recht Politisch/ das ist/ auß dem Tacito zu antworten. Nun sahen mich die ungeheuren Leute an/ und hätten mein stillschweigen gern einer übermässigen Hoffart zugeschrieben; aber mein gantzer Leib machte so viel Tremulanten/ daß sie endlich meynten/ die Sprache würde mir entfallen seyn/ man müste mir/ als einem Teutschen die Zunge mit einem Becher Wein lösen. Hierauff legten sie sich auf die Erde/ breiteten mir auch ein schön spräncklicht Hundefell auf/ daß ich meinen bequemen Sitz drauff nehmen solte/ und sagte einer; Herr/ ihr müst reden/ oder wir sauffen euch so lang zu/ biß ihr reden lernt: lies auch eine alte Roßige Humpe von Messing/ in Form eines Jäger-

horns

Horns bringen/ und tranck mir solche auf aller Teutschen und Teutschgesinnten Ungesundheit zu. Er soff/ daß sich die Augen im Kopff herumb kehrten/ und machte mir so hertzlich bange/ wie ich immermehr von der Humpe solte loßkommen/ dann vor eins war mir meine eigene Ungesundheit zu wider/ und vor das Andere hätte ich den Wein in drey Tagen nicht bezwungen. Ich will nicht sagen/ daß der Trunck so Appetitlich außsahe/ als Mistpfütze/ und einer von blossen Ansehen satt war. Nun der Kerle neigte sein Horn/ und ich merckte/ daß es auf die Neige gieng/ als ungefehr ein Diener gelauffen kommt. Ihre Majestät wollen selbst mit mir reden/ ich solte Augenblicks erscheinen. Ich zweifelte/ ob ich solte lustig oder traurig seyn: Bescheid durffte ich zwar nicht thun; Indessen was solte ich sprechen? wie solte ich mich bey dem Könige verhalten? Nun dessen ungeacht gieng ich fort/ und ließ mich durch einen langen Gang führen/ der meinen Vermuthen nach/ in den klaren Felsen gehauen war/ und wegen der wenigen Fenster gar grausam außsahe. Bey dem Ende stunden zwene Trabanten mit rostigen Hellepartẽ/ die liessen uns in ein weites Gemach/ das war so zierlich auf die altväterische Manier angeleget/ daß ich selbst dachte/ ich wäre zu rücke in die alte Zeit kommen. Die Leute hatten erschreckliche Bärte/ die Kleider waren zottig und rauch/ die Hände und Arme schienen eisern zu seyn/ die Sprache war wie ein kleiner Wiederschall vom Donner/ wann er sich in einen Felß verirret. Und was sag ich viel/ ich gab auff das meiste nicht achtung/ und hätte mich gern mit dem Kopffe in einen Winckel gesteckt/ wenn ich davon wäre unsichtbar worden. Alle Augenblick dachte ich/ ietzo kömmt der König/ itzo fragen die Leute/ wer du bist/ ietzo werden sie dir das Hertz auß dem Leibe reisen ꝛc. Indem ich nun mit lauter betrübten Mißgeburten in Gedancken schwanger gehe/ siehe da/ so er hebt sich ein unversehen Lermen. Indem sich von weitem viel Krumbhörner und Paucken hören liessen/ und darneben ein unformlich Jubel Geschrey entstund/ daß ich leicht abnehmen kunte/ es würde was grosses vorgehn. Die Anwesenden steckten die Köpffe zusammen/ biß ich vernahm die Abgesandten kämen auß Teutschland zu rücke/ und verlangten schleunige Audientz an Ih. Maj. zu haben. Es währete auch nicht lange/ so kamen sie mit Drommeln und Pfeiffen ange-

angezogen / wurden auch alsobald in das Königliche Gemach hinein gelassen. Ach wie gerne wäre ich da entwischet / aber das Gedränge ward so groß / daß ich wider meinen Willen mit hinein muste / da ich dann eine artige Stelle in die Höhe einnahm / von dar ich alles gut sehen und hören konte. Der König war ein alter eyßgrauer Mann / hatte eine grosse auffgeworffene Nase / dicke Lefftzen / tieffe Augen / grosse Adern auff der Stirne und wenige Stürtzeln von einem Barte / der vor diesem mochte ansehnlich gnug gewesen seyn. Er war mit einer Löwen Haut umbgeben / wie auch der gantze Thron seinen besten Zierath von wilden Thierfellen hatte. Zu seiner Rechten hatte er Pfeil / Bogen / Schwerd / Pisickan / und andere alte Gewehr. In der Hand führete er an statt des Scepters eine erschreckliche Keule / welche meiner Dreye nicht getragen hätten. Vor ihm stund einer mit einem Stabe / darauff zwey Hörner von grossen Auer-Ochsen gesetzt waren / ja dieser ordnete die Abgesandten auff niedrige Stüle / acht oder neun Schritte vom Könige nieder zu sitzen. Und als solches geschehen / schwieg alles auff einmahl stille. Da winckte der König mit der Keule / als

wolte

wolte er dem Abgesandten befehlen zu reden. Und dieser stund auch ohne alle Ceremonien auff/ daß ich mich verwundern muste/ woher die unhöffliche Gäste wären zu Abgesandten worden. Sein Anbringen war kurtz. Er habe Ihre Kön. Majestat zu unterthäniger Folge seine Comission neben den andern Collegen wohl außgerichtet/ sey auch deßwegen erschienen/ gehorsamsten Bericht abzustatten/ wofern Ihre Königliche Majestät solches anzuhören belieben möchte.

Hierauff war der König so erfreuet/ daß er die Keule etliche mahl herumb drehete/ und mit lauter Stimme anfieng. O ihr ehrlichen Diener/ ist es wohl abgelauffen/ habt ihr unsere Ehre noch ferner an den übermüthigen Teuschen gerächet. Ich kan es noch nicht vergessen daß sie mich vor sechshundert Jahren vor einen Hund außgeruffen. Und ob ich zwar manchem in die Ohren gebollen/ daß ihm die Krafft vergangen ist/ kan ich doch nicht leiden/ daß die ehrlichen Wenden von den stoltzen und eygensinnischen Teutschen sollen von aller Ehr und Redligkeit außgeschlossen seyn: Sagt doch bald/ seynd die Bestien alle außgetilget/ oder muß man noch [illegible]nere Mittel gebraubrauchen / ihren Untergang zu befördern? Hierauff fieng der erste Gesandte zu husten und gab zu verstehen / er wolle sich den Halß vor putzen / damit er fein lange reden möchte / zwar die Rede an ihr selbst habe ich in meinem Schreibtäfflein nicht nachschreiben können doch war sie ungefähr also eingericht : Grosser Mitevo, Herr der Wenden und Teutschen / nach dem E. Königliche Majestät uns gnädigsten Befehl ertheilet / auff Mittel und Wege zu gedencken / wodurch dem Teutschen Volcke möchte ein ansehnlicher Abbruch geschehen / haben wir in unterthänigstem Gehorsam solche Verrichtung nicht allein gern auf uns genommen / sondern wir wollen auch hoffen / wir werden unsere Treu und untergebenste Affection sattsam erwiesen haben. Zwar meine Collegen werden von ihren Progressen selbst zu sagen wissen. Ich an meinem Orte ließ mir vor allen Diengen angelegen seyn Teutschland zu betrachten / wie sich doch sein Vermögen verhielte / ob es durch einen nochmahligen dreyssig jährigen Krieg möchte außgerottet / und zur Einöde werden. Ich gestehe es / daß viel Leute nicht ungeneigt man ihn beschwere / er sich desto mehr bemühe auffwarts zu wachsen. Und also hatte ich mit Krieg und Zwietracht zu meinem Verderben seine eigene Wohlfahrt befördert. Darumb gieng ich mit meinem Gedancken zu rathe / was denn wohl das jenige sey / worauß Teutschland sein bestes Glücke zu schöpffen pflege: Damit / wenn ich solchen Brunn verstopffen könte / der gantze Fluß von sich selbst vertrocknen möchte. Ich befragte mich hin und wieder / befand auch / daß die guten Leute untereinander nicht eins waren / wem sie ihr Wohlwesen zuförderst zuschreiben solten / biß ich endlich in gutem Vertrauen von einem vernehmen muste / die Gottesfurcht / welche durch die reine und unverfälschte Religion erhalten würde / wäre auch die Ursache / daß kein Feind sich des gesegneten Landes gäntzlich bemächtigen könte. Und solches kam mir gar glaublich vor / angesehen / Gott doch derselbe ist / dem man alles Gute zu dancken hat / also auch leichtlich die Rechung zu machen ist / wo Er veracht oder auß den Augen gesetzt werde / so könne nichts als lauter Veränderung und betrübte Zeit erfolgen. Darumb dacht ich auff allerhand Räncke / wie ich ihnen die eingepflantzte und bißher theur erkauffte Liebe zur Gottesfurcht möchte zu nichte machen. Ich besuchte alle Predigten ich durchstanckerte alle Beichtstühle / ich zog auff die Universitäten / ich schliech mich in die Consistoria / in Summa wo die Religion ein Theil hatte / da sah ich zu und spintesirte / ob ich zu meinem Vortheil etwas erlangen möchte. Doch die Warheit zu bekennen / die Sache war so leicht nicht / als ich Anfangs meynte. Denn ob zwar viel unter den Grossen waren / welche die Religion vor ein blosses Staats-Mittel hielten / bestunden sie doch fest auff dieser Regel / der gemeine Mann müste bey solchem Glauben steiff erhalten werden. Und also waren noch so viel fromme Leute / welche durch ihr Gebete sich gleichsam zur eisernen Mauer machten. Zu dem war der Religion-Stand also beygeleget / daß ein jedweder seines Gewissens warten könte / wenigsten ein Theil den rechten

Glauben haben müste. O wie gern hätte ich sie beredet/ es wäre kein GOTT; allein solche dosis war vor præoccupirte Gemüther viel zu starck und muste ich erstlich dahin trachten / welcher Gestalt die Religion könte veracht und zur Gauckeley werden / denn hierauff würde nothwendig folgen/ GOTT müsse auch nicht seyn: Ich kriegte etliche gute Freunde auff die Seite / welchen zwar mein endlich Absehen verborgen war/ diese liessen sich zierlich bey der Nase herum führen/ und schrieben außdrücklich/ man könte in einer Religion so wohl selig werden/ als in der andern/ es wären etliche geringe Nebensachen / von den Geistlichen hin und wieder Disputirlich gemacht worden / welche doch an sich selbst nicht viel Gefahr hätten / man möchte sie gleich so oder anders außlegen. Ach wie froh war ich bey den Sachen. Denn ich wuste wohl daß die Leute in der Religion gesinnet seyn wie die Bauren. Wann diese solten so viel Contribution geben/ als sie wolten/ so geben sie gar nichts. Und dürfften die Leute glauben / was sie wollen / in Warheit/ so glauben sie auch nichts: Darumb war ich fleissig darhinter her / und hetzte einem nach dem andern auf / bey der Sache ein Ende zu suchen. Ich schützte die höchst verlangte Einigkeit vor / welche zwar in der Religion auff gewisse Masse wohl zu finden wäre / wenn sie nach der blossen Schrifft ihre Artickel einrichten wolten: Aber dahin begehrte ich nicht. Ich gieng bloß darauff / daß ich auß der Catholischen guten Wercken / auß der Lutheraner Glauben / und auß der Reformirten inwendigem Menschen möchte ein Dieng machen / und daß diese widerwertige Sachen möchten in einem Wesen beysammen bleiben. Ich will die ehrlichen Leute gern entschuldiget halten / die sich solcher Fragen theilhafftig gemacht / allein sie wüsten nicht was ich darunter suchte. Es möchte zwar jemand meynen / ich wäre erschrocken / als sich andere diesem Wercke widersetzt / und ich weiß nicht / auß was vor Gemüthe / treflich obstat gehalten; Doch war ich auff alle List schon also abgerichtet / daß ich solche Sache wohl zu Nutz machte. Denn ich gieng zu den Herren Politicis, erwiese ihnen / wie so hoch nöthig wäre / eine Einigkeit der Gemüther zu stifften / wie unmöglich aber solches wäre / dergleichen zu erhalten / so lang ein Theil das andere verketzern und verdammen dürffte: Wie

auch

auch nichts zu hoffen/ indem die eintzige Reputation bey vielen würde im Wege stehen/ daß sie auch der klaren Warheit zu Gefallen nicht weichen würden: Daß also rathsam wäre/ es nehmen sich andere Leute der Sachen an und liessen die Zäncker gehen/ machten unterdessen nach ihrem guten Gewissen einen Schluß/ man wüste ja wohl daß kein Politicus so ein Narr wäre/ daß er mit Wissen und Willen in die Hölle fahren wolte. Hierauff liessen sich viel in diesen Handel ein/ und weil ich ihnen weiß machte/ sie solten alle Zänckereyen fahren lassen/ und auff die Sache selber sehen/ ist eine Religio doctorum Virorum drauß worden/ die so einen leichten Weg in den Himmel hat/ daß S. Paulus ein wunderlicher Mensch muß gewesen seyn/ daß er so über diß Leben geklagt hat. Da seh ich nun meine Lust/ wie ein jeder in der Religion störet/ und diß vor das beste principium hält/ daß er keinem Geistlichen glauben wil: da bilden sie sich ein/ sie haben alles mit Löffeln gefressen/ und wissen nicht/ daß/ wer auff dem Wege deß Christenthums stille stehe/ zugleich zu rücke gehen müsse. Zwar dem Munde nach muß man sie vor köstliche Christen passiren lassen/ ich halte auch sie wechselten eher drey mahl mit einem Kugeln/ ehe sie ein-

 mahl

mahl gestünden/ sie wären keine gute Chri-
sten. Unterdessen hab ich doch gewonnen/ daß sie mit der That sich so fein wild und ruchloß erweisen/ und Gottes im Hertzen vergessen. Da ist niemand der es mit dem Gebet hielte/ dadurch man doch/ also zu reden/ den Himmel stürmen und einnehmen kan. Ich weiß Leute/ die geben vor/ man solle kein Kind vor dem zwölfften Jahre beten lassen/ denn es würden auß einem unverständigen Gebete lauter Gottes Lästerungen. Doch gemahnt mich derselben nicht anders/ als jenes Doctoris Medicinæ, der wolte haben/ man solte keinem Söhnchen vor dem siebenden Jahre Hosen anziehẽ/ weil es sonst leicht krumme Beine kriegen möchte. Führwahr lernt eines in der Jugend nicht lallen/ wird es im Alter nicht reden. Ich habe auch offt gelacht/ daß viel alte Leute so eine Mode im Beten erfunden haben. Denn da kommt es gar abgeschmackt/ daß man die Hände auffheben solte; sondern man steckt sie recht a la Francoise in den Schiebsack/ daß die Andacht nicht herauß fährt. In der Kirchen halten ihrer viel den Hut vor die Nase/ aber mich dünckt/ es gehet etlichen wie jenem Bauren/ der kunte das Vater unser nicht/ aber die Weise davon kunte er/ daß er dz tempo

rich-

richtig traff/uñ den Hut so lange vorhielt als andern. Und was noch mehr ist/so müssen die schönen Trostsprüche auß der Bibel/die geistlichen Gesänge und Kirchen-Lieder herhalten/ so offt ein Possen oder ein Sauff-Lied begehrt wird/das scheint zwar/ als ein artiger scharffsinniger Possen: Unterdessen setzt sich die leichtfertige Außlegung in das Gedächtniß hinein/ und so offt man in der Kirchen oder sonst mit dergleichen Liedern seine Andacht haben wil/ verstört sie durch ein lächerliches Andencken alles/ was geistlich ist/ und muß die Welt mit ihrer Freude die Oberhand haben. Daher komt es/daß man die Sachen auß der Schrifft so hoch nicht hält/als man solte. Einem/ der sich in die Hochteutsche Zierligkeit/ hätte bald gesagt Eitelkeit/ verliebt hat/stinckt das alte Doctor Luthers Teutsch in die Nase. Ein ander/der sich besinnt wie viel er Sprüche in der Jugend gelernet / und wie schlecht solche zu Fortsetzung deß Staats gedienet/schlägt dieselben/ als unnütze Händel/in den Wind. Also/ dz mancher die Kinder zu keinen Soñtags-Sprüchen mehr anhält / sondern an deren statt die Proceß-Ordnung herbeten läst. Die gröste Heiligkeit scheint noch in der Kirche da kömmt man zusammen/da singt man / da angezogen / wurden auch alsobald in das Königliche Gemach hinein gelassen. Ach wie gerne wäre ich da entwischet / aber das Gedränge ward so groß / daß ich wider meinen Willen mit hinein muste / da ich dann eine artige Stelle in die Höhe einnahm / von dar ich alles gut sehen und hören konte. Der König war ein alter eyßgrauer Mann / hatte eine grosse auffgeworffene Nase / dicke Leffzen / tieffe Augen / grosse Adern auff der Stirne und wenige Stürtzeln von einem Barte / der vor diesem mochte ansehnlich gnug gewesen seyn. Er war mit einer Löwen Haut umbgeben / wie auch der gantze Thron seinen besten Zierath von wilden Thierfellen hatte. Zu seiner Rechten hatte er Pfeil / Bogen / Schwerd / Pisickan / und andere alte Gewehr. In der Hand führete er an statt des Scepters eine erschreckliche Keule / welche meiner Dreye nicht getragen hätten. Vor ihm stund einer mit einem Stabe / darauff zwey Hörner von grossen Auer-Ochsen gesetzt waren / ja dieser ordnete die Abgesandten auff niedrige Stüle / acht oder neun Schritte vom Könige nieder zu sitzen. Und alß solches geschehen / schwieg alles auff einmahl stille. Da winckte der König mit der Keule / als

wolte

auff/ daß ich mich verwundern muste/ woher die unhöffliche Gäste wären zu Abgesandten worden. Sein Anbringen war kurtz. Er habe Ihre Kön. Majestat zu unterthäniger Folge seine Comission neben den andern Collegen wohl außgerichtet/ sey auch deßwegen erschienen/ gehorsamsten Bericht abzustatten/ wofern Ihre Königliche Majestät solches anzuhören belieben möchte.

Hierauff war der König so erfreuet/ daß er die Keule etliche mahl herumb drehete/ und mit lauter Stimme anfieng. O ihr ehrlichen Diener/ ist es wohl abgelauffen/ habt ihr unsere Ehre noch ferner an den übermüthigen Teuschen gerächet. Ich kan es noch nicht vergessen daß sie mich vor sechshundert Jahren vor einen Hund außgeruffen. Und ob ich zwar manchem in die Ohren gebollen/ daß ihm die Krafft vergangen ist/ kan ich doch nicht leiden/ daß die ehrlichen Wenden von den stoltzen und eygensinnischen Teutschen sollen von aller Ehr und Redligkeit außgeschlossen seyn: Sagt doch bald/ seynd die Bestien alle außgetilget/ oder muß man [illegible]ch fernere Mittel geden möchte / zwar die Rede an ihr selbst habe ich in meinem Schreibtäfflein nicht nachschreiben können doch war sie ungefähr also eingericht: Grosser Mitevo, Herr der Wenden und Teutschen / nach dem E Königliche Majestät uns gnädigsten Befehl ertheilet / auff Mittel und Wege zu gedencken / wodurch dem Teutschen Volcke möchte ein ansehnlicher Abbruch geschehen / haben wir in unterthänigstem Gehorsam solche Verrichtung nicht allein gern auf uns genommen / sondern wir wollen auch hoffen / wir werden unsere Treu und untergebenste Affection sattsam erwiesen haben. Zwar meine Collegen werden von ihren Progressen selbst zu sagen wissen. Ich an meinem Orte ließ mir vor allen Diengen angelegen seyn Teutschland zu betrachten / wie sich doch sein Vermögen verhielte / ob es durch einen nochmahligen dreyssig jährigen Krieg möchte außgerottet / und zur Einöde werden. Ich gestehe es / daß viel Leute nicht ungeneigt wa-

waren / ihres eigenen Vaterlandes Hencker zu werden. Doch bedacht ich bey mir / Teutschland möchte seyn wie der Palmbaum / davon geschrieben wird / daß jemehr man ihn beschwere / er sich desto mehr bemühe auffwarts zu wachsen. Und also hatte ich mit Krieg und Zwietracht zu meinem Verderben seine eigene Wohlfahrt befördert. Darumb gieng ich mit meinem Gedancken zu rathe / was denn wohl das jenige sey / worauß Teutschland sein bestes Glücke zu schöpffen pflege: Damit / wenn ich solchen Brunn verstopffen könte / der gantze Fluß von sich selbst vertrocknen möchte. Ich befragte mich hin und wieder / befand auch / daß die guten Leute untereinander nicht eins waren / wem sie ihr Wohlwesen zuförderst zuschreiben solten / biß ich endlich in gutem Vertrauen von einem vernehmen muste / die Gottesfurcht / welche durch die reine und unverfälschte Religion erhalten würde / wäre auch die Ursache / daß kein Feind sich des gesegneten Landes gäntzlich bemächtigen könte. Und solches kam mir gar glaublich vor / angesehen / Gott doch derselbe ist / dem man alles Gute zu dancken hat / also auch leichtlich die Rechung zu machen ist/ wo Er veracht oder auß den Augen gesetzt werde/ so könne nichts als lauter Veränderung und betrübte Zeit erfolgen. Darumb dacht ich auff allerhand Räncke/ wie ich ihnen die eingepflantzte und bißher theur erkauffte Liebe zur Gottesfurcht möchte zu nichte machen. Ich besuchte alle Predigten ich durchstanckerte alle Beichtstühle / ich zog auff die Universitäten / ich schliech mich in die Consistoria / in Summa wo die Religion ein Theil hatte / da sah ich zu und spintesirte/ ob ich zu meinem Vortheil etwas erlangen möchte. Doch die Warheit zu bekennen/ die Sache war so leicht nicht/ als ich Anfangs meynte. Denn ob zwar viel unter den Grossen waren/ welche die Religion vor ein blosses Staats-Mittel hielten/ bestunden sie doch fest auff dieser Regel/ der gemeine Mann müste bey solchem Glauben steiff erhalten werden. Und also waren noch so viel fromme Leute/ welche durch ihr Gebete sich gleichsam zur eisernen Mauer machten. Zu dem war der Religion-Stand also beygeleget/ daß ein jedweder seines Gewissens warten könte/ und zum wenigsten ein Theil den rechten

Glau-

Glauben haben müste. O wie gern hätte ich sie beredet/ es wäre kein GOTT; allein solche dosis war vor præoccupirte Gemüther viel zu starck und muste ich erstlich dahin trachten/ welcher Gestalt die Religion könte veracht und zur Gauckeley werden/ denn hierauff würde nothwendig folgen/ GOTT müsse auch nicht seyn: Ich kriegte etliche gute Freunde auff die Seite/ welchen zwar mein endlich Absehen verborgen war/ diese liessen sich zierlich bey der Nase herum führen/ und schrieben außdrücklich/ man könte in einer Religion so wohl selig werden/ als in der andern/ es wären etliche geringe Nebensachen/ von den Geistlichen hin und wieder Disputirlich gemacht worden/ welche doch an sich selbst nicht viel Gefahr hätten/ man möchte sie gleich so oder anders außlegen. Ach wie froh war ich bey den Sachen. Denn ich wuste wohl daß die Leute in der Religion gesinnet seyn wie die Bauren. Wann diese solten so viel Contribution geben/ als sie wolten/ so geben sie gar nichts. Und dürfften die Leute glauben/ was sie wollen/ in Warheit/ so glauben sie auch nichts: Darumb war ich fleissig darhinter her/ und hetzte einem nach dem andern auf/ bey der Sache ein Ende zu suchen. Ich schützte die höchst verlangte Einigkeit vor / welche zwar in der Religion auff gewisse Masse wohl zu finden wäre/ wenn sie nach der blossen Schrifft ihre Artickel einrichten wolten: Aber dahin begehrte ich nicht. Ich gieng bloß darauff/ daß ich auß der Catholischen guten Wercken/ auß der Lutheraner Glauben / und auß der Reformirten inwendigem Menschen möchte ein Dieng machen/ und daß diese widerwertige Sachen möchten in einem Wesen beysammen bleiben. Ich will die ehrlichen Leute gern entschuldiget halten/die sich solcher Fragen theilhafftig gemacht/allein sie wüsten nicht was ich darunter suchte. Es möchte zwar jemand meynen/ich wäre erschrocken/ als sich andere diesem Wercke widersetzt / und ich weiß nicht / auß was vor Gemüthe / treflich obstat gehalten; Doch war ich auff alle List schon also abgerichtet / daß ich solche Sache wohl zu Nutz machte. Denn ich gieng zu den Herren Politicis, erwiese ihnen/ wie so hoch nöthig wäre/ eine Einigkeit der Gemüther zu stifften/wie unmöglich aber solches wäre/dergleichen zu erhalten/ so lang ein Theil das andere verketzern und verdammen dürffte: Wie

auch

auch nichts zu hoffen/indem die eintzige Reputation bey vielen würde im Wege stehen/ daß sie auch der klaren Warheit zu Gefallen nicht weichen würden: Daß also rathsam wäre/ es nehmen sich andere Leute der Sachen an und liessen die Zäncker gehen/machten unterdessen nach ihrem guten Gewissen einen Schluß/man wüste ja wohl daß kein Politicus so ein Narr wäre/ daß er mit Wissen und Willen in die Hölle fahren wolte. Hierauff liessen sich viel in diesen Handel ein/ und weil ich ihnen weiß machte/ sie solten alle Zänckereyen fahren lassen/und auff die Sache selber sehen/ist eine Religio doctorum Virorum drauß worden/ die so einen leichten Weg in den Himmel hat/ daß S. Paulus ein wunderlicher Mensch muß gewesen seyn/ daß er so über diß Leben geklagt hat. Da seh ich nun meine Lust/ wie ein jeder in der Religion störet/ und diß vor das beste principium hält / daß er keinem Geistlichen glauben wil: da bilden sie sich ein/ sie haben alles mit Löffeln gefressen/ und wissen nicht/daß/ wer auff dem Wege deß Christenthums stille stehe/zugleich zu rücke gehen müsse. Zwar dem Munde nach muß man sie vor köstliche Christen passiren lassen/ich halte auch sie wechselten eher drey mahl mit einem Kugeln/ ehe sie ein-

 mahl

mahl gestünden/ sie wären keine gute Christen. Unterdessen hab ich doch gewonnen/ daß sie mit der That sich so fein wild und ruchloß erweisen/ und Gottes im Hertzen vergessen. Da ist niemand der es mit dem Gebet hielte/ dadurch man doch/also zu reden/den Himmel stürmen und einnehmen kan. Ich weiß Leute/ die geben vor/ man solle kein Kind vor dem zwölfften Jahre beten lassen/ denn es würden auß einem unverständigen Gebete lauter Gottes Lästerungen. Doch gemahnt mich derselben nicht anders/als jenes Doctoris Medicinæ, der wolte haben/man solte keinem Söhnchen vor dem siebenden Jahre Hosen anziehē/ weil es sonst leicht krumme Beine kriegen möchte. Führwahr lernt eines in der Jugend nicht lallen/ wird es im Alter nicht reden. Ich habe auch offt gelacht/ daß viel alte Leute so eine Mode im Beten erfunden haben. Denn da kommt es gar; abgeschmackt/ daß man die Hände auffheben solte; sondern man steckt sie recht a la Francoise in den Schiebsack/ daß die Andacht nicht herauß fährt. In der Kirchen halten ihrer viel den Hut vor die Nase/ aber mich dünckt/ es gehet etlichen wie ienem Bauren/ der kunte das Vater unser nicht/ aber die Weise davon kunte er/daß er dz tempo

rich-

richtig traff/uñ den Hut so lange vorhielt als andern. Und was noch mehr ist/so müssen die schönen Trostsprüche auß der Bibel/die geistlichen Gesänge und Kirchen-Lieder herhalten/ so offt ein Possen oder ein Sauff-Lied begehrt wird/das scheint zwar/ als ein artiger scharffsinniger Possen: Unterdessen setzt sich die leichtfertige Außlegung in das Gedächtniß hinein/ und so offt man in der Kirchen oder sonst mit dergleichen Liedern seine Andacht haben wil/ verstört sie durch ein lächerliches Andencken alles/ was geistlich ist/ und muß die Welt mit ihrer Freude die Oberhand haben. Daher komt es/daß man die Sachen auß der Schrifft so hoch nicht hält/als man solte. Einem/ der sich in die Hochteutsche Zierligkeit/ hätte bald gesagt Eitelkeit/ verliebt hat/stinckt das alte Doctor Luthers Teutsch in die Nase. Ein ander/der sich besinnt wie viel er Sprüche in der Jugend gelernet / und wie schlecht solche zu Fortsetzung deß Staats gedienet/schlägt dieselben/ als unnütze Händel/in den Wind. Also/ dz mancher die Kinder zu keinen Sontags-Sprüchen mehr anhält / sondern an deren statt die Proceß-Ordnung herbeten läst. Die gröste Heiligkeit scheint noch in der Kirche da kömmt man zusammen/da singt man / da

 pre-

predigt man / da möcht einer dencken / man wäre schon halb im Himmel. Aber was kan ein Prediger thun/wenn der Zuhörer meynt/ er könne es dreymahl besser/er wisse wie er ausser dem Theologischen Gezäncke köñe in Himmel kommen/und dergleichen. Ich wil wetten die meisten Leute stehn in der Einbildung/Predigen sey so ein Handwerck/ da es genug sey/ daß die Arbeit gethan werde: Wie etwan die Kunstpfeiffer auff dem Thurn abblasen/ und wenn es auß ist/ wenig darnach fragen/ wie es geklungen/ oder ob iemand drauff gehöret hat. Und über diß hält man auff die Music zehenmahl mehr/ als auff die Predigt ; daß man ihr zu Gefallen mit der Kirche umbwechselt/ und da spührt man Andacht: Da steht manch Welt-Kind/ und schwatzt so lange mit dem Nachbar/weil der Priester auff der Cantzel ist/aber wer unter der Music etwas drein reden wolte/der würde ihn am längsten zum Freunde gehabt haben. Nun kan es so genau nicht abgehn/die Stücke müssẽ unterweilẽ ein Bißgen weltlich mitklingẽ. Ich habe einmahl ein Kyrie eleison gehöret/ und muß gestehen/ daß ich die Zeit meiner Tage nie lustiger gewesen/da gieng alles zum Sprunge mit Paucken und Trompeten durch ein ander. Ingleichen

chen haben sie ein bekandt Lied/ HErr GOtt dich loben wir/ dasselbe ist anfangs frölich genug/ da schweigen die Trompeter stille; Aber wenn es hinten kömmt/ sey uns gnädig in aller Noth/ da geht das Kirch-Lärmen an/ daß die Por-Kirche wackelt. Und diß alles ist ein herrlicher Gottesdienst. König David muste vor Zeiten die Barmhertzigkeit abweinen und abflehen: die Leute wollen sie abdrummeln und abpfeiffen.

Aber E. K. M. nicht auffzuhalten/ wil ich zu meinem höchsten Kunststücke kommen/ dadurch auch das vorhergehende gleichsam bestättiget wird. Es ist vor langer Zeit gefragt worden ob auch die Heyden Seneca, Cicero, Plato, &c. könten selig werden/ und ist von vielen ihres äusserlichen erbaren Wesens halben geschlossen worden/ sie könten nicht wol verdammt seyn. Solche Lehre ist bißher in andern Ländern ordentlich zusammen gezogen/ und mit artigen Scheingründen bekräfftiget worden/ als wäre es nicht von nöthen mit der Christlichen Religion grosse Weitläufftigkeit zu machen/ man könne auß dem Liecht der Natur erkennen/ daß ein Gott sey. Nun würde Gott keinem mehr abfordern/ als ihm in sein Vermögen eingepflantzet sey; sonderlich weil man ja nicht eigentlich darumb sündigte/ daß man Gott beleidigen wolle; sondern das man vermeynte irgend einer eingebildeten Wollust zu geniessen. Thäte derhalben einer wohl/ der sich seiner angebohrnen Wissenschafft recht gebrauchen wolte. Diß habe ich in Teutschland trefflich außgebreitet/ daß nun die Heydnischē Schrifften bey vielen in grösserm Ansehē sind/ als die heilige Bibel selbst. Es wäre mir auch nicht lieb/ wenn die Bibel bey dieser Meynung noch solte gelesen werden. Denn es steht ein Wort darinn/ Wer nicht glaube/ der sol verdammt seyn/ und ihr Heyland bekräfftiget es durch einen theuren Schwur/ wer nicht wiedergebohren sey durch das Wasser und Geist/ der könne nit in das Reich Gottes kommen. Solches möchten sie einmahl bedencken/ darumb ist es am besten mit dem Buche unverworren/ so gehn sie in ihrer klugen Blindheit dahin/ und lachen die Geistlichen mit ihren predigten auß/ daß sie wider die klare Vernunfft so viel Schreyens machen. Und dieses ist der herrliche Mischmasch/ daß eine Religion so gut seyn muß als die andere/ weil man einerley Principia in dem Liecht der Natur hat. Ich sage nicht von dem bekandten dreyen Hauffen/ der Catholischen/ Lutheraner und Reformirten; unter welchen man-

chen

cher zu finden ist/ der alle dreye versucht hat. Sondern die Türcken selbst wissen sich zu rühmen/ was sie vor Zugäg von Teutschen Mammelucken gehabt. Henricus IV. in Franckreich meynte/ derselbe müste ein gewaltiger Narr seyn/ der die Religion changirte und kein Königreich dadurch erlangte: Aber unsere Teutschen geben es wohlfeiler/ da werden viel zu Moscowitischen / Türckischen/ Tartarischen Schelmen und helffen hernachmahls ihren Glauben und ihr Vaterland verfolgen/ nur daß sie ihr kärgliches und nothdürfftiges Außkomen haben. Und diß kan keine Sünde seyn/ weil die Türcken auch das Liecht der Natur haben/ und wissen daß ein GOtt sey. Ja was sol ich sagen/ das sind die leibhafftige Atheisten oder die Thoren/ die in ihren Hertzen sprechen/ es sey kein Gott. Ich kenne einẽ vornehmen Mann/ der sich dem ungöttlichen Wesen gantz ergeben hat/ der sagte etliche mahl/ er wüste wol gewiß/ daß die Religion ein blosses Spiel sey; Unterdessen habe er in seiner Jugend einen Schulfuchs zum Præceptor gehabt / der ihn mit dem Catechismo so sehr gebrühet/ daß er noch itzund deßwegen offtermahls schwere Gedancken bekomme. Der gute Mensch meynte/ das böse Gewissen wäre ihm von dem Schulfuchs eingepflantzet worden/da doch viel ein ander Fuchs ist/ der umb das Korn herumb gehet/ und der seinen Schwantz wider ihren Hertzbēgel schlägt. Ich kan nicht vorbey/ ein artig Modell von einer kurtzen Religion anzuführen. Ich hatte mich in eine Compagnie mit eingemenget/ da von der Religion discurriret ward/ und nach vielen Reden fieng einer an: Ich habe ein principium, dadurch ich allein gedencke selig zu werden/ das heist also: Es kan mich nichts verdammen/ als die Verzweifelung. Ich kan aber nicht sagen/ wie böse ich worden/ als ihm einer vorhielt/ es wäre nicht genug so viel zu wissen; sondern es sey vonnöthen/ auch zu bedencken/ wie man sich gegen die Verzweiffelung verwahren solte. Wüste doch ein jedweder Soldat in der Vestung/ daß ihme nichts schädlich sey als die Ubergabe/ oder die Verzweiffelung fernerer defension, und gleichwohl käme es offt/ daß man sich ergeben müste. Zu meinem Glücke ward solcher Einwurff außgelachet/ man dürffte solchen Sachen so gar subtil nicht nachdencken/ ein einfältiger Glaube sey doch der beste/ und was der kahlen Alfentzereyen mehr war. Endlich beschloß einer den Discurs also/ er bekümmerte sich nichts/ Wäre er versehen/ so habe es keine Noth mit ihm/ sey er nicht versehen/ so könne er sich auch nicht helffen. Und solches kam fast herauß/ wie mit jenem Holländer/ der wolte einen Sterbenden trösten/ und sagte/ Bistu prædestinirt, wol gut/ bistu nicht prædestinirt, patience. Ich habe auch nach der Zeit solchen schönen Glauben bey vielen andern gefunden/ und vermeyne nur/ sie sollen in diesem grundbösen Leben auß allen Kräfften fortfahren/ damit Teutschland in kurtzer Zeit ein Loch voller Atheisten werde. Gestalt ich denn verspreche/ meinen Fleiß nit zu spahren/ wofern an einem und andern Orte solcher Glaube möchte umbgestossen werden.

Hier fiel ihm der König in die Rede/ und beschwerte sich/ unterdessen hätten die Teutschen ihr köstlich und erwünscht Leben/ wüsten von keinem Unglück/ giengen ohn alle Sorg und Bekümmerniß dahin/ da er doch befohlen alles mit Stumpff und Stiel außzurotten/ und sie biß auff den letzten Mann mit Gifft/ Feuer und Schwerdt zu verfolgen. Der Gesandte antwortete: Grosser Mistevo, E. Königl. M. Befehl verhoffe ich also am besten außgerichtet zu haben. Denn ich wil nicht gedencken/ daß Gott durch die überhäufften Sünden endlich zur Rache und zu allerley

Haupt

Haupt-Plagen erwecket werde/ und also die guten Teutschen keine Brieff und Siegel drüber haben / ob ihr köstliches Leben lange währen möchte/ sondern vielmehr in Sorgen stehen müsten/ als wären sie nun reiff genug zur Straffe. Davon wil ich nicht sagen. Man erwäge nur/ was diß vergängliche Leben gegen der Ewigkeit sey. Solte ich sie nun in ihrem unordentlichen Wesen verstören und ihnen ein Hertzeleyd nach dem andern über den Halß bringen / so würde ich nichts anders thun/ als daß ich sie zur Busse vermahnte. So gehen sie in dem wüsten und verzweifelten Irrwege dahin/ biß die letzte Stunde kömmt da wacht das Gewissen auff / und beweiset durch unwidertreibliche Zeugnisse/ daß ein GOtt sey. Da ist kein Heyland im Hertzen/ der sie mit GOtt versöhnen könne/ da ist kein Trost-Spruch/ der hafften wil / da ist kein Geistlicher/ der ihnen gut genug ist / oder es fällt ihnē ein Fluß vor die Ohren/ dz sie nichts vernehmen kōnen/ da seufftzē sie da winseln sie da brüllen sie/ biß sie endlich auß der eusersten Verzweiffelung an denselben Ort gelangen/ da sie ihre übermässige Klugheit in alle Ewigkeit beklagen und beweinen müssen. Es ist nicht lang / da kam die Reyhe an einen/ der wolte Trost haben/ und gleichwol von Christo wolte er nichts hören/ sondern fragte allzeit/ ob den ausser diesem kein Trost wäre. Endlich resolvirte er sich/ ob er sich die Sache zwar nicht einbilden könte/ wolte er sie doch dem Priester zu Gefallen glauben/ in dieser Discretion zog er dahin/ ich zweiffele aber/ ob er auch einen Discreten Wirth angetroffen hat. Zwar an diesem Orte war mir Klugheit von nöthen/ weil es leicht geschehen konte/ daß sich andere Leute an solchen Zorn-Exempeln spiegelten/ darumb ließ ich solches vor unbesonnene Reden außlegen/ ein Sterbender wisse viel/ was er rede/ und man wüste sonst wohl/ was er vor ein Gottsfürchtig Leben geführt/ und könne also auch nichts Böses geschlossen werden. Dazu kommt der grosse Pracht bey dem Begräbniß/ die Glocken klingen/ die Flöre/ Mäntel/ Schleyer werden außgetheilt/ die schönste Lobrede wird gehalten/ der Lebenslauff wird weitläufftig abgelesen/ und bleibt also der Spruch wohl wahr; **Ihr Thun ist eitel Thorheit/ noch lobens ihre Nachkommen mit ihrem Munde**; damit nun Niemand anders judiciren/ als ein solcher berühmter vornehmer Mann habe recht übrig zum Himmel/ und könne es keinem fehlen/ der es eben so machen würde / habe ich nun den verhassten und straffwürdigen Teutschen nit den grösten Possen gethan. Da liegen sie nun und brennen im Pech und Schweffel / daß ihnen das erschreckliche Rachfeuer zu Nasen / Mund und Ohren herauß schlägt / da sterben sie Augenblicklich / und können doch in dieser Todes-Angst nicht ersterben. ich weiß in Warheit nicht / wie ich meinen Anschlag besser hätte sollen außführen.

Als er diß gesagt / stund der König vor grosser Freude auff / und rühmte die grosse Treu / welche durch die wohlersonnene List wider die Teutschen wäre erwiesen worden. Befahl auch alsobald / weil der Mittag angebrochen / zur Mahlzeit zu schicken / da könten auch die andere Abgesandten ihre Verrichtungen erzehlen. Was solte ich dabey thun / ich hatte den Anfang gehöret / nun verlangte mich bey dem Ende zu seyn / so gefährlich es auch an dem Orte war. Derhalben blieb ich in dem Gedränge / und gieng mit fort. Erstlich kamen wir in einen grossen Saal / der war ziemlich liecht / da steckten viel Todenköpffe / welche ohn allen Zweiffel die Teutschen gegen die Wenden eingebüsset hatten: Jngleichem waren viel alte Waffen / Fahnen / Trummeln und ander

der Kriegs-Geräthe hin und wieder auffgehenckt/ daran ich aber im Vorüber gehn nichts eigentlich abnehmen konte/ als eine Taffel auff welcher geschrieben:

BERNHARDE
REDDE
NOSTRAS LEGIONES

Es muste darauf zielen/ als die Wenden lang vor dem Mistevo am Baltischen Meer 120000. Mann auf einmahl verlohren. Aber wie gesagt/ ich hatte nicht Zeit/ groß Federlesens zu machen/ und ehe ich den Saal recht in Augenschein genommen/ geriethen wir in einen finstern ausgehauenen Gang/ der gieng immer Berg unter/ und ward das Gedränge so groß/ daß ich nicht anders meynte/ als/ sie wolten das böse Kind außdrucken. Ja wohl druckten sie mehr als eines auß/ denn es gieng auff der Seiten ein tieff Loch hin/ das kunte niemand in Dunckeln erkennen/ da fielen unser zwölffe über Halß über Kopff hinunter. Ich kam gleich in die Mitten/ und hatte die Gefahr nicht/ daß ich hart fiel; aber wie nachdrücklich die Bengel waren/ die hernach fielen/ und mich zudeckten/ kan ich nicht beschreiben: Einer schrie diß/ der ander das/ und ich verstund keinen/ da wolte ein jedweder oben liegen/ und

bemümühete sich mit Händen und Füssen/ unten weg zu kommen/ gleichwohl war das Loch so enge/ daß alle zugleich nicht konten oben seyn. Ach was kriegte ich da vor Stösse in die Ribben/ wann die ungeschliffenen Knollen mit ihren eisenharten Ellenbogen herumb fuhren und Platz machten: Ich halte auch/ es wäre auf ein jämmerlich Schlagen hinauß gelauffen/ wen nicht einer von oben mit einem Liechte wäre dazu kommen/ und hätte uns gewiesen/ daß auff einem Ende Löcher eingehauen/ daran wir hinauff klettern konten/ da gieng es an ein Krabbeln/ ein jedweder wolte der Förderste seyn/ ich hatte mich schon die Helffte hinauff gewunden/ so kriegte mich ein ander bey dem Beine/ und zoge mich so gut wieder hinunter/ als ich hinauf kommen war. Ein ander hatte sich mit den Händen so fest eingehöckelt/ daß ihn der Oberste mit den Füssen wegstossen muste. In Summa/ es gieng lächerlich zu/ wenn nur nicht bey allen das Lachen wäre so theur gewesen. Nach langer Mühe kamen wir alle hinauß/ und wo die andern hinliessen/ da folgte ich nach/ biß wir in das Tafel-Gemach geriethen/ da sassen sie schon uñ frassen so treuhertzig auff die Speisen loß/ daß man auch nit ein Wörtlein hörte: Sie mochten dencken/ es

wäre

wäre bald ein Wort geredt / und ein Bissen versäumet. Und ob gleich das klare Blut zu den Braten herauß sprang / war doch der Appetit so groß / daß sie alle fünffe darnach leckten. Da besann ich mich auf einen Bauerknecht / der meynte nicht daß er satt wäre / wenn er nicht fressen solte biß ihm übel ward. Ich gestehe es dazumahl hätte mir niemand einen Possen gethan / wenn er mir gleich ein groß Stück Essen præsentirt hätte. Aber das Pferde-Fleisch von der Tafel hätte ich fürwahr nicht angenommen. Nun das Fressen wärete ziemlich lange. Endlich foderte Mistevo zu trincken / und brachte dem Abgesandten einen grossen Becher / auff gute Progressen in Teutschland. Als dieser bescheid gethan / ward wieder von den vorigen Sachen geschwatzt. Und fragte den König absonderlich / ob auch bey solchem liederlichen Glauben einiger Bestand zu hoffen. Es möchte einmahl alles wieder auff einen Hauffen gekehret werden. Der Abgesandte war zur Antwort fertig. Ich / sprach er / habe schon auff gute Mittel gedacht so lange dieselben halten / solles schlechte Gefahr haben. Erstlich stell ich den Gelehrten vor / was vor ein elendes Wesen bey den Catholischen sey / da einer auf den Thomas / der andere auf den Scotus, der dritte auf einen andern gleichsam schweren müste / und da man sich einbilde Aristoteles habe die Kunst gantz allein gefressen. Darauff kommen etliche kluge Geister / wollen den Schimpf nicht haben in der Dienstbarkeit zu stecken / und fangen allenthalben an zu schreyen / Libertas Philosophica, Libertas Philosophica. Nun hat die Sache zwar einen guten Schein. Aber darauß folgt nicht / daß ein jedwedr junger Lecker / der die Lehr-Jahre kaum außgehalten / oder sonst ein verruckter Grillenfänger solle Macht habē / alte und wolhergebrachte Meynungen zu ändern. Aenderung wäre zu wünschen / aber weil sie selten besser geräth / bleibt man lieber bey den alten. Gleichwohl ist die Welt so kützlich / dz sie heute zu Tage den vor den Klügstē hält / der alles verachten und tadeln kan: unangesehen ob er auch etwas neues dagegen setzt / das weniger zu tadeln oder zu verachten wäre. So lange nun diese Freyheit in Philosophischen Sachen unterhalten wird / bin ich versichert / daß keiner seine Vernunfft in der Theologie wird gefangē geben. Das wilde Pferd ist einmahl unbendig worden / und läst sich darnach in keinem Zügel halten. Drumb hat ein Philosophus Macht allē zu contradiciren / so wird ja ein Theologus auch nit alles glauben dürffen / oder wird zum wenigsten eine Frage und

ein

ein dubium frey stehen. Nächst diesem ist das ein grosses/ daß die natürliche Wissenschafft zu dieser Zeit höher gestiegen als jemahls: Da grübelt ein jedweder durch Hülffe der Mathematic den Ursachen in der Natur nach. Und da sie vor allen Dingen darnach fragen solten/ warumb/ und zu was Ende dieses grosse Weltgebäude auffgerichtet worden/ oder wer denn der jenige sey/ der es so herrlich und wunderlich außgerüstet. So bleiben sie alleine dabey/ und sehen die Sache an/ wie es zugeht. Nicht anders/ als wenn ich ein Uhrwerck ansehe/ da der Meister schon lang gestorben ist/ da bekümmert mich nichts/ als wie ich den Lauff der Räder recht unter einander unterscheiden kan. Weil nun die Leute die Räder/ so zu sagen/ in dem Uhrwerck der Natur anschauen/ und in denselben eine gewisse Nothwendigkeit antreffen/ vergessen sie des Werckmeisters/ und komen auff die Gedancken/ als müste alles in einem nothwendigen Lauff erhalten/ und bey seiner Prædestination geschützet werden. Zwar sie könnten viel Sachen nennen/ da ihnen noch viel davon verborgen ist: Gleich als hätte Gott sie alle stillschweigend erinnern wollen/ daß/ weil sie in natürlichen Dingen viel Ursachen nicht

wüsten

wüsten/also in übernatürlichen und geistlichen Wercken nicht zu sehr nachgrübeln möchten. Aber dahin denckt niemand / einmahl ist frey zu philosophiren. Vors ander sieht man die blosse Natur an ihr selbst an. Und wer diß thut/und soll ein guter Christ oder Theologus dabey seyn / der muß können über eine Hechel gehn/und sich nicht stechen.

Dem König kam diß Gleichniß recht lächerlich vor/ und erfreuete sich über die gute verfassung / befahl hierauff dem andern / seine Verrichtung gleichfals zuerzehlen. Der steckte nun gleich mit dem Kopff in einer grossen Humpe/ daß ich furchte / er werde den Bart vor Erschrecken drinnen lassen / als er so geschwind herauß fahren muste. So viel ich aber zu rück dencken kan / war sein Anbringen also eingericht. Grosser Mistevo, ein iedweder thut nach seinem vermögen; Und die Treu wird offt nicht nach dem Außgang / sondern nach der Intention abgemessen. Ich zwar verhoffe auch im Außgang meine Sachen zu rechtfertigen. Denn ich befand/ daß hin und wieder ein ungöttliches Wesen eingepflantzet war : Aber es verdroß mich/ daß die Leute noch so gut Leben haben solten. Drumb zielte ich nur dahin / ob ich ihnen alles fein sauer

und

und beschwerlich machen könte. Und ich weiß nicht zu was vor einem Glücke/gerieth ich über den berühmten Italiäner Machiavellum, der hatte meines Bedünckens sehr nützliche Sachen geschrieben/und so viel ich begreiffen kan/ bestund seine gantze Lehre auf zwey Puncten. Erstlich müsse man sich bemühen/immer grösser und grösser zu werden / und sey dieses ein elender Tropff/ der mit seinem Zustand könne zu frieden seyn. Darnach sey alles recht und wohlgethan/was man auch in dieser Sache vornehmen wolle / es möchte an andern Orten Tugend oder Sünde heissen. Mit dieser schönen Wissenschafft gedacht ich weit durch zukommen. Denn das sind alberne Köpffe/ die da meynen als wenn solche Kunstgrieffe nur vor Fürsten und Herren geschrieben wären. Ich will auch wetten / alle die jenigen/die am ärgsten auf die Machiavellische Staats-Reguln schmähen und lästern/ würden es nicht besser machen / wenn sie an der Stelle wären / oder so viel Gelegenheit darzu hätten. Drumb fragt ich nicht darnach/ ob sich viel Leute zu der Machiavellischen Profession mit dem Munde bekennen wolten / wenn sie nur im Hertzen und in allen Anschlägen obgedachte zwey Haupt-Lehren in acht nehmen.

Haupt-Plagen erwecket werde/ und also die guten Teutschen keine Brieff und Siegel drüber haben / ob ihr köstliches Leben lange währen möchte/ sondern vielmehr in Sorgen stehen müsten/ als wären sie nun reiff genug zur Straffe. Davon wil ich nicht sagen. Man erwäge nur/ was diß vergängliche Leben gegen der Ewigkeit sey. Solte ich sie nun in ihrem unordentlichen Wesen verstören und ihnen ein Hertzeleyd nach dem andern über den Halß bringen / so würde ich nichts anders thun/ als daß ich sie zur Busse vermahnte. So gehen sie in dem wüsten und verzweifelten Irrwege dahin/ biß die letzte Stunde kömmt da wacht das Gewissen auff / und beweiset durch unwidertreibliche Zeugnisse/ daß ein GOtt sey. Da ist kein Heyland im Hertzen/ der sie mit GOtt versöhnen könne/ da ist kein Trost-Spruch/ der hafften wil / da ist kein Geistlicher/ der ihnen gut genug ist / oder es fällt ihnē ein Fluß vor die Ohren/ dz sie nichts vernehmen köñen/ da seufftzē sie da winseln sie da brüllen sie/ biß sie endlich auß der euersten Verzweiffelung an denselben Ort gelangen/ da sie ihre übermässige Klugheit in alle Ewigkeit beklagen und beweinen müssen. Es ist nicht lang / da kam die Reyhe an einen/ der wolte

wolte Trost haben/ und gleichwol von Christo wolte er nichts hören/ sondern fragte allzeit/ ob den ausser diesem kein Trost wäre. Endlich resolvirte er sich/ ob er sich die Sache zwar nicht einbilden könte/ wolte er sie doch dem Priester zu Gefallen glauben/ in dieser Discretion zog er dahin/ ich zweiffele aber/ ob er auch einen Discreten Wirth angetroffen hat. Zwar an diesem Orte war mir Klugheit von nöthen/ weil es leicht geschehen konte/ daß sich andere Leute an solchen Zorn-Exempeln spiegelten/ darumb ließ ich solches vor unbesonnene Reden außlegen/ ein Sterbender wisse viel/ was er rede/ und man wüste sonst wohl/ was er vor ein Gottsfürchtig Leben geführt/ und könne also auch nichts Böses geschlossen werden. Dazu kommt der grosse Pracht bey dem Begräbniß/ die Glocken klingen/ die Flöre/ Mäntel/ Schleyer werden außgetheilt/ die schönste Lobrede wird gehalten/ der Lebenslauff wird weitläufftig abgelesen/ und bleibt also der Spruch wohl wahr; **Ihr Thun ist eitel Thorheit/ noch lobens ihre Nachkommen mit ihrem Munde**; damit nun Niemand anders judiciren/ als ein solcher berühmter vornehmer Mann habe recht übrig zum Himmel/ und könne es keinem fehlen/ der

es

es eben so machen würde / habe ich nun den verhassten und straffwürdigen Teutschen nit den grösten Possen gethan. Da liegen sie nun und brennen im Pech und Schweffel / daß ihnen das erschreckliche Rachfeuer zu Nasen / Mund und Ohren herauß schlägt / da sterben sie Augenblicklich / und können doch in dieser Todes-Angst nicht ersterben. ich weiß in Warheit nicht / wie ich meinen Anschlag besser hätte sollen außführen.

Als er diß gesagt / stund der König vor grosser Freude auff / und rühmte die grosse Treu / welche durch die wohlersonnene List wider die Teutschen wäre erwiesen worden. Befahl auch alsobald / weil der Mittag angebrochen / zur Mahlzeit zu schicken / da könten auch die andere Abgesandten ihre Verrichtungen erzehlen. Was solte ich dabey thun / ich hatte den Anfang gehöret / nun verlangte mich bey dem Ende zu seyn / so gefährlich es auch an dem Orte war. Derhalben blieb ich in dem Gedränge / und gieng mit fort. Erstlich kamen wir in einen grossen Saal / der war ziemlich liecht / da steckten viel Todenköpffe / welche ohn allen Zweiffel die Teutschen gegen die Wenden eingebüsset hatten: Jngleichem waren viel alte Waffen / Fahnen / Trummeln und ander Kriegs-Geräthe hin und wieder auffgehenckt/daran ich aber im Vorüber gehn nichts eigentlich abnehmen konte/als eine Taffel auff welcher geschrieben:

BERNHARDE
REDDE
NOSTRAS LEGIONES

Es muste darauf zielen/als die Wenden lang vor dem Mistevo am Baltischen Meer 120000. Mann auf einmahl verlohren. Aber wie gesagt/ ich hatte nicht Zeit/ groß Federlesens zu machen/und ehe ich den Saal recht in Augenschein genommen/ geriethen wir in einen finstern außgehauenen Gang/ der gieng immer Berg unter/ und ward das Gedränge so groß/ daß ich nicht anders meynte/ als/ sie wolten das böse Kind außdrucken. Ja wohl druckten sie mehr als eines auß/denn es gieng auff der Seiten ein tieff Loch hin/ das kunte niemand in Dunckeln erkennen/da fielen unser zwölffe über Halß über Kopff hinunter. Ich kam gleich in die Mitten/und hatte die Gefahr nicht/ daß ich hart fiel; aber wie nachdrücklich die Bengel waren/die hernach fielen/und mich zudeckten/ kan ich nicht beschreiben: Einer schrie diß/ der ander das/und ich verstund keinen/ da wolte ein jedweder oben liegen/ und

bemümühete sich mit Händen und Füssen/ unten weg zu kommen/ gleichwohl war das Loch so enge/ daß alle zugleich nicht konten oben seyn. Ach was kriegte ich da vor Stösse in die Ribben/ wann die ungeschliffenen Knollen mit ihren eisenharten Ellenbogen herumb fuhren und Platz machten: Ich halte auch/ es wäre auf ein jämmerlich Schlagen hinauß gelauffen/ weñ nicht einer von oben mit einem Liechte wäre dazu kommen/ und hätte uns gewiesen/ daß auff einem Ende Löcher eingehauen/ daran wir hinauff klettern konten/ da gieng es an ein Krabbeln/ ein jedweder wolte der Förderste seyn/ ich hatte mich schon die Helffte hinauff gewunden/ so kriegte mich ein ander bey dem Beine/ und zoge mich so gut wieder hinunter/ als ich hinauf kommen war. Ein ander hatte sich mit den Händen so fest eingehöckelt/ daß ihn der Oberste mit den Füssen wegstossen muste. In Summa/ es gieng lächerlich zu/ wenn nur nicht bey allen das Lachen wäre so theur gewesen. Nach langer Mühe kamen wir alle hinauß/ und wo die andern hinliessen/ da folgte ich nach/ biß wir in das Tafel-Gemach geriethen/ da sassen sie schon uñ frassen so treuhertzig auff die Speisen loß/ daß man auch nit ein Wörtlein hörte: Sie mochten dencken/ es

wäre

wäre bald ein Wort geredt / und ein Bissen versäumet. Und ob gleich das klare Blut zu den Braten herauß sprang/ war doch der Appetit so groß/ daß sie alle fünffe darnach leckten. Da besann ich mich auf einen Bauerknecht / der meynte nicht daß er satt wäre/ wenn er nicht fressen solte biß ihm übel ward. Ich gestehe es dazumahl hätte mir niemand einen Possen gethan/ wenn er mir gleich ein groß Stück Essen præsentirt hätte. Aber das Pferde-Fleisch von der Tafel hätte ich fürwahr nicht angenommen. Nun das Fressen wärete ziemlich lange. Endlich foderte Mistevo zu trincken / und brachte dem Abgesandten einen grossen Becher/ auff gute Progressen in Teutschland. Als dieser bescheid gethan/ ward wieder von den vorigen Sachen geschwatzt. Und fragte den König absonderlich / ob auch bey solchem liederlichen Glauben einiger Bestand zu hoffen. Es möchte einmahl alles wieder auff einen Hauffen gekehret werden. Der Abgesandte war zur Antwort fertig. Ich/ sprach er/ habe schon auff gute Mittel gedacht so lange dieselben halten/ sol es schlechte Gefahr haben. Erstlich stell ich den Gelehrten vor/ was vor ein elendes Wesen bey den Catholischẽ sey/ da einer auf den Thomas/ der andere auf den Scotus, der dritte auf einen andern gleichsam schweren müste / und da man sich einbilde Aristoteles habe die Kunst gantz allein gefressen. Darauff kommen etliche kluge Geister / wollen den Schimpf nicht haben in der Dienstbarkeit zu stecken / und fangen allenthalben an zu schreyen / Libertas Philosophica, Libertas Philosophica. Nun hat die Sache zwar einen guten Schein. Aber darauß folgt nicht / daß ein jedwedr junger Lecker / der die Lehr-Jahre kaum außgehalten / oder sonst ein verruckter Grillenfänger solle Macht habẽ / alte und wolhergebrachte Meynungen zu ändern. Aenderung wäre zu wünschen / aber weil sie selten besser geräth / bleibt man lieber bey den alten. Gleichwohl ist die Welt so kützlich / dz sie heute zu Tage den vor den Klügstẽ hält / der alles verachten und tadeln kan: unangesehen ob er auch etwas neues dagegen setzt / das weniger zu tadeln oder zu verachten wäre. So lange nun diese Freyheit in Philosophischen Sachen unterhalten wird / bin ich versichert / daß keiner seine Vernunfft in der Theologie wird gefangẽ geben. Das wilde Pferd ist einmahl unbendig worden / und läst sich darnach in keinem Zügel halten. Drumb hat ein Philosophus Macht allẽ zu contradiciren / so wird ja ein Theologus auch nit alles glauben dürffen / oder wird zum wenigsten eine Frage und ein dubium frey stehen. Nächst diesem ist das ein grosses / daß die natürliche Wissenschafft zu dieser Zeit höher gestiegen als jemahls: Da grübelt ein jedweder durch Hülffe der Mathematic den Ursachen in der Natur nach. Und da sie vor allen Dingen darnach fragen solten / warumb / und zu was Ende dieses grosse Weltgebäude auffgerichtet worden / oder wer denn der jenige sey / der es so herrlich und wunderlich außgerüstet. So bleiben sie alleine dabey / und sehen die Sache an / wie es zugeht. Nicht anders / als wenn ich ein Uhrwerck ansehe / da der Meister schon lang gestorben ist / da bekümmert mich nichts / als wie ich den Lauff der Räder recht unter einander unterscheiden kan. Weil nun die Leute die Räder / so zu sagen / in dem Uhrwerck der Natur anschauen / und in denselben eine gewisse Nothwendigkeit antreffen / vergessen sie des Werckmeisters / und komen auff die Gedancken / als müste alles in einem nothwendigen Lauff erhalten / und bey seiner Prædestination geschützet werden. Zwar sie könnten viel Sachen nennen / da ihnen noch viel davon verborgen ist: Gleich als hätte Gott sie alle stillschweigend erinnern wollen / daß / weil sie in natürlichen Dingen viel Ursachen nicht

wüsten

wüsten/also in übernatürlichen und geistlichen Wercken nicht zu sehr nachgrübeln möchten. Aber dahin denckt niemand / einmahl ist frey zu philosophiren. Vors ander sicht man die blosse Natur an ihr selbst an. Und wer diß thut/und soll ein guter Christ oder Theologus dabey seyn / der muß können über eine Hechel gehn/und sich nicht stechen.

Dem König kam diß Gleichniß recht lächerlich vor/ und erfreuete sich über die gute verfassung / befahl hierauff dem anden / seine Verrichtung gleichfals zuerzehlen. Der steckte nun gleich mit dem Kopff in einer grossen Humpe/ daß ich furchte / er werde den Bart vor Erschrecken drinnen lassen / als er so geschwind herauß fahren muste. So viel ich aber zu rück dencken kan / war sein Anbringen also eingericht. Grosser Mistevo, ein iedweder thut nach seinem vermögen; Und die Treu wird offt nicht nach dem Außgang / sondern nach der Intention abgemessen. Ich zwar verhoffe auch im Außgang meine Sachen zu rechtfertigen. Denn ich befand/ daß hin und wieder ein ungöttliches Wesen eingepflantzet war : Aber es verdroß mich / daß die Leute noch so gut Leben haben solten. Drumb zielte ich nur dahin / ob ich ihnen alles fein sauer

und

und beschwerlich machen könte. Und ich weiß nicht zu was vor einem Glücke/ gerieth ich über den berühmten Italiäner Machiavellum, der hatte meines Bedünckens sehr nützliche Sachen geschrieben/ und so viel ich begreiffen kan/ bestund seine gantze Lehre auf zwey Puncten. Erstlich müsse man sich bemühen/ immer grösser und grösser zu werden / und sey dieses ein elender Tropff/ der mit seinem Zustand könne zu frieden seyn. Darnach sey alles recht und wohlgethan/ was man auch in dieser Sache vornehmen wolle / es möchte an andern Orten Tugend oder Sünde heissen. Mit dieser schönen Wissenschafft gedacht ich weit durch zukommen. Denn das sind alberne Köpffe/ die da meynen als wenn solche Kunstgrieffe nur vor Fürsten und Herren geschrieben wären. Ich will auch wetten / alle diejenigen/ die am ärgsten auf die Machiavellische Staats-Reguln schmähen und lästern/ würden es nicht besser machen / wenn sie an der Stelle wären / oder so viel Gelegenheit darzu hätten. Drumb fragt ich nicht darnach/ ob sich viel Leute zu der Machiavellischen Profession mit dem Munde bekennen wolten / wenn sie nur im Hertzen und in allen Anschlägen obgedachte zwey Haupt-Lehren in acht nehmen.

kein Stand/den ich nicht angesteckt habe. D
Gelehrten klagen/ es sey keine Beförderung
die Kauffleute beschweren sich/ es sey alles
berhäufft: die Handwercker wissen auch nic
recht fort zu kommen. Und wenn man de
Handel bey dem Liechte besieht/ sind sie mit ih
ren Machiavellischen Einbildungen selb
Schuld daran. Was soll ein also genann
Gelehrter vor Beförderung haben / wenn e
die Zeit nicht erwarten wil/und sein Plus ultra
gar zu eylfertig fortsetzt. Es hat mancher
kaum den Rotz von der Nase gewischt / so ist
ihm die Schule zu schlecht/ er will ein grosser
Studente seyn: Hat er sich ein halb Jahr an
den Degen binden lassen/so muß es ein gelehrt
Käppgen unter dem Hute tragen / das ist
Magister werden. Ist nun das Band auf
dem Magister Kleide ein wenig bestossen/so wil
er wieder was anders werden/biß man endlich
so groß ist / daß man mit Ehren nicht wieder
klein werden kan. Da ist man nun in seiner
hohen Ehren-Stelle / lebet in Kummer und
Sorgen/ wovon der Staat zu führen; wie
der Respect bey den Leuten zu erhalten/ und
was dergleichen Hertzfressende Grillen mehr
seyn/derer man nicht bedürffte / wenn man in
seinem niedrigen Stande bliebe / und sein

Glück

Glück und Unglück daselbst füglicher disponirte/ und nicht alsobald an einen solchen Ort stiege/ da man ohne Schimpff und Schande nicht wohl zurücke könnte. Hat es auch einer so weit gebracht / daß er zu einem öffentlichen Ammte gezogen wird/ da er sein vergnügtes Außkommen hätte/ steckt ihm doch der Machiavellus im Kopffe/ du must grösser werden. Das heist so viel/ du kanst hier zwar geruhig leben aber du must was anders/ suchen und begehren/ daß du ja etwas hast / das dir in der Nacht den Schlaff verstört / und am Tage alle Lust verderbt. Und daß du GOTT mit Recht vorwerffen kanst / Er habe dich nicht genug versorget. In Warheit / es kan die Colica solch Gerümpel in den Gedärmen nicht machen; als wenn einer einen Hoffrath / einen Superintendenten/ Bürgermeister/ oder sonst einen Amptmann im Leibe hat. Denn der Außgang ist bißweilen zu enge / und muß also die Mißgeburt gleichsam im Mutterleibe verderben und umbkommen / man gedencke/ mit was vor schmertzen.

Und was wollen die Kauffleute klagen/ daß alles überhäufft sey. Vor zeiten waren entweder rechtschaffene Herren/ oder rechtschaffene Diener. Itzt reist der Machiavellus

 einen

den/da doch viel ein ander Fuchs ist/ der umb das Korn herumb gehet/ und der seinen Schwantz wider ihren hertzbēgel schlägt. Ich kan nicht vorbey/ ein artig Modell von einer kurtzen Religion anzuführen. Ich hatte mich in eine Compagnie mit eingemenget/ da von der Religion discurriret ward/ und nach vielen Reden fieng einer an: Ich habe ein principium, dadurch ich allein gedencke selig zu werden/ das heist also: **Es kan mich nichts verdammen/ als die Verzweifelung.** Ich kan aber nicht sagen/ wie böse ich worden/ als ihm einer vorhielt/ es wäre nicht genug so viel zu wissen; sondern es sey vonnöthen/ auch zu bedencken/ wie man sich gegen die Verzweiffelung verwahren solte. Wüste doch ein jedweder Soldat in der Vestung/ daß ihme nichts schädlich sey als die Ubergabe/ oder die Verzweiffelung fernerer defension, und gleichwohl käme es offt/ daß man sich ergeben müste. Zu meinem Glücke ward solcher Einwurff außgelachet/ man dürffte solchen Sachen so gar subtil nicht nachdencken/ ein einfältiger Glaube sey doch der beste/ und was der kahlen Alfentzereyen mehr war. Endlich beschloß einer den Discurs also/ er bekümmerte sich nichts/ **Wäre er versehen/ so habe es** keine Noth mit ihm / sey er nicht versehen / so könne er sich auch nicht helffen. Und solches kam fast herauß / wie mit jenem Holländer / der wolte einen Sterbenden trösten / und sagte / Bistu prædestinirt, wol gut / bistu nicht prædestinirt, patience. Ich habe auch nach der Zeit solchen schönen Glauben bey vielen andern gefunden / und vermeyne nur / sie sollen in diesem grundbösen Leben auß allen Kräfften fortfahren / damit Teutschland in kurtzer Zeit ein Loch voller Atheisten werde. Gestalt ich denn verspreche / meinen Fleiß nit zu spahren / wofern an einem und andern Orte solcher Glaube möchte umbgestossen werden.

Hier fiel ihm der König in die Rede / und beschwerte sich / unterdessen hätten die Teutschen ihr köstlich und erwünscht Leben / wüsten von keinem Unglück / giengen ohn alle Sorg und Bekümmerniß dahin / da er doch befohlen alles mit Stumpff und Stiel außzurotten / und sie biß auff den letzten Mann mit Gifft / Feuer und Schwerdt zu verfolgen. Der Gesandte antwortete: Grosser Mistevo, E. Königl. M. Befehl verhoffe ich also am besten außgerichtet zu haben. Denn ich wil nicht gedencken / daß Gott durch die überhäufften Sünden endlich zur Rache und zu allerley

Haupt

Haupt-Plagen erwecket werde/ und also die guten Teutschen keine Brieff und Siegel drüber haben / ob ihr köstliches Leben lange währen möchte/sondern vielmehr in Sorgen stehen müsten/ als wären sie nun reiff genug zur Straffe. Davon wil ich nicht sagen. Man erwäge nur/ was diß vergängliche Leben gegen der Ewigkeit sey. Solte ich sie nun in ihrem unordentlichen Wesen verstören und ihnen ein Hertzeleyd nach dem andern über den Halß bringen / so würde ich nichts anders thun/als daß ich sie zur Busse vermahnte. So gehen sie in dem wüsten und verzweifelten Irrwege dahin/biß die letzte Stunde kömmt da wacht das Gewissen auff / und beweiset durch unwidertreibliche Zeugnisse/ daß ein GOtt sey. Da ist kein Heyland im Hertzen/ der sie mit GOtt versöhnen könne/ da ist kein Trost-Spruch/der hafften wil / da ist kein Geistlicher/der ihnen gut genug ist / oder es fällt ihnē ein Fluß vor die Ohren/dz sie nichts vernehmen kōnen/da seufftzē sie da winseln sie da brüllen sie/biß sie endlich auß der eusersten Verzweiffelung an denselben Ort gelangen/ da sie ihre übermässige Klugheit in alle Ewigkeit beklagen und beweinen müssen. Es ist nicht lang / da kam die Reyhe an einen/ der

wolte

wolte Trost haben/ und gleichwol von Christo wolte er nichts hören/ sondern fragte allzeit/ ob den ausser diesem kein Trost wäre. Endlich resolvirte er sich/ob er sich die Sache zwar nicht einbilden könte/ wolte er sie doch dem Priester zu Gefallen glauben/ in dieser Discretion zog er dahin/ ich zweiffele aber/ ob er auch einen Discreten Wirth angetroffen hat. Zwar an diesem Orte war mir Klugheit von nöthen/ weil es leicht geschehen konte/ daß sich andere Leute an solchen Zorn-Exempeln spiegelten/darumb ließ ich solches vor unbesonnene Reden außlegen/ein Sterbender wisse viel/ was er rede/ und man wüste sonst wohl/ was er vor ein Gottsfürchtig Leben geführt/ und könne also auch nichts Böses geschlossen werden. Dazu kommt der grosse Pracht bey dem Begräbniß/ die Glocken klingen/die Flöre/ Mäntel/ Schleyer werden außgetheilt/ die schönste Lobrede wird gehalten/ der Lebenslauff wird weitläufftig abgelesen/ und bleibt also der Spruch wohl wahr; Ihr Thun ist eitel Thorheit/noch lobens ihre Nachkommen mit ihrem Munde; damit nun Niemand anders judiciren/als ein solcher berühmter vornehmer Mann habe recht übrig zum Himmel/und könne es keinem fehlen/ der

es

es eben so machen würde / habe ich nun den verhassten und straffwürdigen Teutschen nit den grösten Possen gethan. Da liegen sie nun und brennen im Pech und Schweffel / daß ihnen das erschreckliche Rachfeuer zu Näsen / Mund und Ohren herauß schlägt / da sterben sie Augenblicklich / und können doch in dieser Todes-Angst nicht ersterben. ich weiß in Warheit nicht / wie ich meinen Anschlag besser hätte sollen außführen.

Als er diß gesagt / stund der König vor grosser Freude auff / und rühmte die grosse Treu / welche durch die wohlersonnene List wider die Teutschen wäre erwiesen worden. Befahl auch alsobald / weil der Mittag angebrochen / zur Mahlzeit zu schicken / da könten auch die andere Abgesandten ihre Verrichtungen erzehlen. Was solte ich dabey thun / ich hatte den Anfang gehöret / nun verlangte mich bey dem Ende zu seyn / so gefährlich es auch an dem Orte war. Derhalben blieb ich in dem Gedränge / und gieng mit fort. Erstlich kamen wir in einen grossen Saal / der war ziemlich liecht / da steckten viel Todenköpffe / welche ohn allen Zweiffel die Teutschen gegen die Wenden eingebüsset hatten: Jn gleichem waren viel alte Waffen / Fahnen / Trummeln und an-

der

der Kriegs-Geräthe hin und wieder auffgehenckt/daran ich aber im Vorüber gehn nichts eigentlich abnehmen konte/als eine Taffel auff welcher geschrieben:

BERNHARDE
REDDE
NOSTRAS LEGIONES

Es muste darauf zielen/als die Wenden lang vor dem Milstevo am Baltischen Meer 120000. Mann auf einmahl verlohren. Aber wie gesagt/ ich hatte nicht Zeit/ groß Federlesens zu machen/und ehe ich den Saal recht in Augenschein genommen/ geriethen wir in einen finstern außgehauenen Gang/ der gieng immer Berg unter/und ward das Gedränge so groß/ daß ich nicht anders meynte/ als/ sie wolten das böse Kind außdrucken. Ja wohl druckten sie mehr als eines auß/denn es gieng auff der Seiten ein tieff Loch hin/ das kunte niemand in Dunckeln erkennen/da fielen unser zwölffe über Halß über Kopff hinunter. Ich kam gleich in die Mitten/und hatte die Gefahr nicht/ daß ich hart fiel; aber wie nachdrücklich die Bengel waren/die hernach fielen/und mich zudeckten/ kan ich nicht beschreiben: Einer schrie diß/ der ander das/und ich verstund keinen/ da wolte ein jedweder oben liegen/ und mühete sich mit Händen und Füssen/ unten weg zu kommen/ gleichwohl war das Loch so enge/ daß alle zugleich nicht konten oben seyn. Ach was kriegte ich da vor Stösse in die Ribben/ wann die ungeschliffenen Knollen mit ihren eisenharten Ellenbogen herumb fuhren und Platz machten: Ich halte auch/ es wäre auf ein jämmerlich Schlagen hinauß gelauffen/ weñ nicht einer von oben mit einem Liechte wäre dazu kommen/ und hätte uns gewiesen/ daß auff einem Ende Löcher eingehauen/ daran wir hinauff klettern konten/ da gieng es an ein Krabbeln/ ein jedweder wolte der Förterste seyn/ ich hatte mich schon die Helffte hinauff gewunden/ so kriegte mich ein ander bey dem Beine/ und zoge mich so gut wieder hinunter/ als ich hinauf kommen war. Ein ander hatte sich mit den Händen so fest eingehöckelt/ daß ihn der Oberste mit den Füssen wegstossen muste. In Summa/ es gieng lächerlich zu/ wenn nur nicht bey allen das Lachen wäre so theur gewesen. Nach langer Mühe kamen wir alle hinauß/ und wo die andern hinliessen/ da folgte ich nach/ biß wir in das Tafel-Gemach geriethen/ da sassen sie schon uñ frassen so treuhertzig auff die Speisen loß/ daß man auch nit ein Wörtlein hörte: Sie mochten dencken/ es

wäre

wäre bald ein Wort geredt / und ein Bissen versäumt. Und ob gleich das klare Blut zu den Braten herauß sprang / war doch der Appetit so groß / daß sie alle fünffe darnach leckten. Da besann ich mich auf einen Bauerknecht / der meynte nicht daß er satt wäre / wenn er nicht fressen solte biß ihm übel ward. Ich gestehe es dazumahl hätte mir niemand einen Possen gethan / wenn er mir gleich ein groß Stück Essen præsentirt hätte. Aber das Pferde-Fleisch von der Tafel hätte ich fürwahr nicht angenom̃en. Nun das Fressen wärete ziemlich lange. Endlich foderte Mistevo zu trincken / und brachte dem Abgesandten einen grossen Becher / auff gute Progressen in Teutschland. Als dieser bescheid gethan / ward wieder von den vorigen Sachen geschwatzt. Und fragte den König absonderlich / ob auch bey solchem liederlichen Glauben einiger Bestand zu hoffen. Es möchte einmahl alles wieder auff einen Hauffen gekehret werden. Der Abgesandte war zur Antwort fertig. Ich / sprach er / habe schon auff gute Mittel gedacht so lange dieselben halten / sol es schlechte Gefahr haben. Erstlich stell ich den Gelehrten vor / was vor ein elendes Wesen bey den Catholischẽ sey / da einer auf den Thomas / der andere auf den Scotus, der dritte auf ei-

einen andern gleichsam schweren müste / und da man sich einbilde Aristoteles habe die Kunst gantz allein gefressen. Darauff kommen etliche kluge Geister / wollen den Schimpf nicht haben in der Dienstbarkeit zu stecken / und fangen allenthalben an zu schreyen / Libertas Philosophica, Libertas Philosophica. Nun hat die Sache zwar einen guten Schein. Aber darauß folgt nicht / daß ein jedwedr junger Lecker / der die Lehr-Jahre kaum außgehalten / oder sonst ein verruckter Grillenfänger solle Macht habē / alte und wolhergebrachte Meynungen zu ändern. Aenderung wäre zu wünschen / aber weil sie selten besser geräth / bleibt man lieber bey den alten. Gleichwohl ist die Welt so kützlich / dz sie heute zu Tage den vor den Klügstē hält / der alles verachten und tadeln kan: unangesehen ob er auch etwas neues dagegen setzt / das weniger zu tadeln oder zu verachten wäre. So lange nun diese Freyheit in Philosophischen Sachen unterhalten wird / bin ich versichert / daß keiner seine Vernunfft in der Theologie wird gefangē geben. Das wilde Pferd ist einmahl unbendig worden / und läst sich darnach in keinem Zügel halten. Drumb hat ein Philosophus Macht allē zu contradiciren / so wird ja ein Theologus auch nit alles glauben dürffen / oder wird zum wenigsten eine Frage und matic den Ursachen in der Natur nach. Und da sie vor allen Dingen darnach fragen solten/ warumb/ und zu was Ende dieses grosse Weltgebäude auffgerichtet worden/ oder wer denn der jenige sey/ der es so herrlich und wunderlich außgerüstet. So bleiben sie alleine dabey/ und sehen die Sache an/ wie es zugeht. Nicht anders/ als wenn ich ein Uhrwerck ansehe/ da der Meister schon lang gestorben ist/ da bekümmert mich nichts/ als wie ich den Lauff der Räder recht unter einander unterscheiden kan. Weil nun die Leute die Räder/ so zu sagen/ in dem Uhrwerck der Natur anschauen/ und in denselben eine gewisse Nothwendigkeit antreffen/ vergessen sie des Werckmeisters/ und komen auff die Gedancken/ als müste alles in einem nothwendigen Lauff erhalten/ und bey seiner Prædestination geschützet werden. Zwar sie könnten viel Sachen nennen/ da ihnen noch viel davon verborgen ist: Gleich als hätte Gott sie alle stillschweigend erinnern wollen/ daß/ weil sie in natürlichen Dingen viel Ursachen nicht

wüsten

wüsten/also in übernatürlichen und geistlichen Wercken nicht zu sehr nachgrübeln möchten. Aber dahin denckt niemand / einmahl ist frey zu philosophiren. Vors ander sieht man die blosse Natur an ihr selbst an. Und wer diß thut/und soll ein guter Christ oder Theologus dabey seyn / der muß können über eine Hechel gehn/und sich nicht stechen.

Dem König kam diß Gleichniß recht lächerlich vor/ und erfreuete sich über die gute verfassung / befahl hierauff dem anden / seine Verrichtung gleichfals zuerzehlen. Der steckte nun gleich mit dem Kopff in einer grossen Humpe/ daß ich furchte / er werde den Bart vor Erschrecken drinnen lassen / als er so geschwind herauß fahren muste. So viel ich aber zu rück dencken kan / war sein Anbringen also eingericht. Grosser Mistevo, ein iedweder thut nach seinem vermögen; Und die Treu wird offt nicht nach dem Außgang / sondern nach der Intention abgemessen. Ich zwar verhoffe auch im Außgang meine Sachen zurechtfertigen. Denn ich befand/ daß hin und wieder ein ungöttliches Wesen eingepflantzet war : Aber es verdroß mich/ daß die Leute noch so gut Leben haben solten. Drumb ziele ich nur dahin / ob ich ihnen alles fein sauer

und

und beschwerlich machen könte. Und ich weiß nicht zu was vor einem Glücke/gerieth ich über den berühmten Italiäner Machiavellum, der hatte meines Bedünckens sehr nützliche Sachen geschrieben/und so viel ich begreiffen kan/ bestund seine gantze Lehre auf zwey Puncten. Erstlich müsse man sich bemühen/immer grösser und grösser zu werden/ und sey dieses ein elender Tropff/ der mit seinem Zustand könne zu frieden seyn. Darnach sey alles recht und wohlgethan/was man auch in dieser Sache vornehmen wolle/ es möchte an andern Orten Tugend oder Sünde heissen. Mit dieser schönen Wissenschafft gedacht ich weit durch zukommen. Denn das sind alberne Köpffe/ die da meynen als wenn solche Kunstgriffe nur vor Fürsten und Herren geschrieben wären. Ich will auch wetten/ alle diejenigen/die am ärgsten auf die Machiavellische Staats-Reguln schmähen und lästern/ würden es nicht besser machen / wenn sie an der Stelle wären / oder so viel Gelegenheit darzu hätten. Drumb fragt ich nicht darnach/ ob sich viel Leute zu der Machiavellischen Profession mit dem Munde bekennen wolten / wenn sie nur im Hertzen und in allen Anschlägen obgedachte zwey Haupt-Lehren in acht nehmen.

Thun sie aber diß / so müssen sie nothwendig die allerunglückseligsten Leute seyn. Denn vor eins sehen sie allezeit auf diejenigen / die etwas glückseliger scheinen/ und wollen ihnen gerne gleich kommen. Da folgt ein Mißfallen über ihren alten Stand/die Ruhe wird durch tägliche Sorgen verstöret / und ie weniger die Händel von statten gehn / destomehr wütet der Neid/der an sich selbst allein Unglück genug erwecken kan. Sind nun keine Mittel da/ rechtmässiger Weise dahin zu kommen/ so muß falsch und alles gelten / da muß der Nechste bestohlen/ belogen/ vervortheilt / und bey der Nase herumb geführet werden / und hilfft nichts davor/das Gewissen mag wiedersprechen so gut es kan/der Staat muß geführet/und die Reputation erhalten werden. Ach wo wolte ich Worte genug finden / dieses Elend außzusprechen / daß sich mancher zehenmahl lieber möchte lebendig vergraben lassen/ als daß er diesen Machiavellischen Sorgen-Geist solte länger zu Gebote stehen. Und dieses ist gar zu lächerlich / weil ein jedweder denckt/ Herr mein Fisch / kommt immer einer über den andern/und ist die Betriegerey so groß/daß/wenn man denckt / man sey am sichersten / so ist man schon mit sehenden Augen

etliche

etliche mahl betrogen worden. Ja die blosse Furcht/betrogen zu werden/ist Müh und Elends genug. Nun mag ich nicht viel von den Herren Politicis reden; wie dieselben ihren Italiänischen Großvater in Ehren halten/die Bauren werden es wohl gewahr: Doch hat das Gantze Land schlechten Nutzen davon. Es heist: Die Bauren wollen immer weglauffen und bleiben doch alle da: Es ist ihnen alles unmöglich/und wenn das Jahr umb ist/haben sie gleichwol alles gethan. Indessen mercken sie den Schaden nicht. Es klagt iedermann über die wohlfeyle Zeit/ da der Landmann überall nichts zum besten hat. Und wenn etwan den Ursachen nachgedacht wird/ so muß Polen/ Moscau/Litthauen/so viel Korn bauen/dz Teutschland seine Früchte gegen die See nicht mehr verhandeln kan. Ja wohl ist etwas daran. Aber sie bedencken nicht/ daß die Bauern gezwungen werden/ alles liederlich zu verstossen. Und da wäre der Handelsmann ein Narr/ der es einem grossen Hanse wolte theuer bezahlen/wenn er es bey dem Bauer halb geschenckt kriegte. Die Bürger haben auch ihre liebe Noth. Doch wie solte es ein Politicus anders machen/weil es alle Leute thun. Da ist recht fort zu kommen. Und wenn man den Handel bey dem Liechte besieht/ sind sie mit ihren Machiavellischen Einbildungen selbst Schuld daran. Was soll ein also genanter Gelehrter vor Beförderung haben / wenn er die Zeit nicht erwarten wil/ und sein Plus ultra gar zu eylfertig fortsetzt. Es hat mancher kaum den Rotz von der Nase gewischt / so ist ihm die Schule zu schlecht/ er will ein grosser Studente seyn: Hat er sich ein halb Jahr an den Degen binden lassen/ so muß es ein gelehrt Käppgen unter dem Hute tragen / das ist/ Magister werden. Ist nun das Band auf dem Magister Kleide ein wenig bestossen/ so wil er wieder was anders werden/ biß man endlich so groß ist / daß man mit Ehren nicht wieder klein werden kan. Da ist man nun in seiner hohen Ehren-Stelle / lebet in Kummer und Sorgen/ wovon der Staat zu führen; wie der Respect bey den Leuten zu erhalten/ und was dergleichen Hertzfressende Grillen mehr seyn/ derer man nicht bedürffte / wenn man in seinem niedrigen Stande bliebe / und sein

Glück

Glück und Unglück daselbst füglicher disponirte/ und nicht alsobald an einen solchen Ort stiege/ da man ohne Schimpff und Schande nicht wohl zurücke könnte. Hat es auch einer so weit gebracht/ daß er zu einem öffentlichen Ammte gezogen wird/ da er sein vergnügtes Außkommen hätte/ steckt ihm doch der Machiavellus im Kopffe/ du must grösser werden. Das heist so viel/ du kanst hier zwar geruhig leben aber du must was anders/ suchen und begehren/ daß du ja etwas hast / das dir in der Nacht den Schlaff verstört / und am Tage alle Lust verderbt. Und daß du GOTT mit Recht vorwerffen kanst / Er habe dich nicht genug versorget. In Warheit / es kan die Colica solch Gerümpel in den Gedärmen nicht machen; als wenn einer einen Hoffrath/ einen Superintendenten, Bürgermeister/ oder sonst einen Amptmann im Leibe hat. Denn der Außgang ist bißweilen zu enge / und muß also die Mißgeburt gleichsam im Mutterleibe verderben und umbkommen / man gedencke/ mit was vor schmertzen.

Und was wollen die Kauffleute klagen/ daß alles überhäufft sey. Vor zeiten waren entweder rechtschaffene Herren/ oder rechtschaffene Diener. Itzt reist der Machiavellus einen jedweden Diener im Leibe / daß er auch will Herr seyn. Und also geht ein Sonnen-Krämchen nach dem andern an / das mag so lang wehren als es will / genug daß man das genereuse Gemüth erweiset / und den niederigen Zustand mit einem bessern verwechseln will. Dabey aber muß einer den andern verderben. Ich besinne mich / daß ein Pabst / ist mir recht / Sixtus V. mit den Cardinälen Rath gehalten / wie man doch die Päbstlichen Cammer-Intraden verbessern möchte. Nachdem nun eine und andere Meynung auf die Bahn kommen / sagte ein Cardinal / Rom hätte zwölff Thore / in einem jedwedern Thore käme so und so viel Zoll ein: sie wolten noch zwölff Thore bauen / so kriegten sie unfehlbar noch einmahl so viel Zoll. Fürwahr die Leute machen es nunmehr eben so / sie dencken / sieh da / der Mann hat an dieser und jener Wahre so viel Profit. Ergo: Wenn unser funffzig noch darzu komen / und stutzen dreymahl besser als jene / so müssen wir unstreitig dreymahl so viel Profit einnehmen. Ist nun diß nicht ein Elend / daß jemand lieber ein armer Herr / als ein reicher Diener seyn will / und nicht so wohl auf seine Vergnügung / als auf die falsche Reputation siehet. Was die Handwercksleute bete betrifft/ sind sie fürwahr in dem Staat so ersoffen/ als irgend einer. Mancher zeucht auß einer grossen Stadt/da er seine volle Kunden hat in ein Lumpen-Städtgen/ nur daß er irgend ein Rathsherr vor funffzehen Gülden werden kan. Ein ander läst die Gesellen arbeiten/ und geht selbst auß übriger Großmüthigkeit den gantzen Tag müssig. Was soll ich viel sagen? Wo noch etliche Jahre in das Land kommen / so werden alle Mägde zu Jungfern / und müssen die Frauen selbst die Windeln waschen / so weit reist das schöne hochmütige principium ein. Nun dencke wer dencken kan/ ob nicht hin und wieder etliche Causen mit unter lauffen. Es ist kein Wunder/wenn etliche sprechen / man dürffte vor dem sechzigsten Jahre nicht wissen / daß man eine Seele habe / wenn man anders wolle zu etwas kommen. Und wieviel gehen und spünden ihr Gewissen in einen hohlen Baum/biß sie reich werden. Aber es ist nichts neues/ daß der Teufel zum Strassen Räuber wird/und den Schatz auß dem hohlen Baume außnimmt. Und mich dünckt/ wer alle todte Leute auffschneiden und anatomiren solte/ der würde mehrentheils den Hauptmangel finden/ daß sie kein Gewissen gehabt. Ich höre neulich hat einen gar das Hertze gefehlt / und wie sie nachsuchen/ klebt das hochmüthige Bißgen Fleisch oben am Wetterhahne.

Hier wolte er weiter reden / aber es trug sich ein trefflicher Possen zu/ der mich am meisten betraff. Jch stund da/ und hatte Maul und Nase auffgesperret/ den Handel recht einzunehmen. Solches werden etliche gewahr/ und weil es an der Liberey leicht zu erkennen war/ daß ich zum Abgesandten nicht gehörte/ mochten sie mich vor einen Spionen ansehn. Drumb zwackten sie mich erstlich hinten und forn/ daß ich von einer Stelle zu der andern weichen muste. Endlich ward die Vexirerey so groß/ daß ich einen mit dem Ellebogen vor das Hertze stieß / und sagte / er solte mich mit Frieden lassen. Dieses wolten seine Cameraten nicht leiden/ kriegten mich in die Mitten/ und spielten des Balles mit mir / daß ein abscheulich Tumult im Tafel-Gemach entstund/ auch der Abgesandte selbst in seiner Rede innen halten muste. Der König ward entrüst/ schickte die Trabanten mit ihren kurtzen Wehren dazwischen; und nachdem wir sie von einander gebracht/ musten wir näher hinzu treten/ und da war alles einerley Entschuldigung. Es wäre ein Verräther da / der wolte die Herren Abgesandten behorchen/und solchen hätten sie wollen hinauß vexiren. Also schleppten sie mich zum Könige/der machte ein Gesichte/ als wenn er einen im Halse stecken hätte/der zweymahl grösser wäre als ich: Und ich gestehe es/dazumahl hätte ich vor mein Leben nicht achtzehen Pfennige gegeben. Ich solte sagen/ was ich da zu schaffen hätte / und wuste doch keine Ursache anzuführen. Auß den Kleidern kanten sie mich leicht / und weil ich wie ein Teutscher außsah/ war die præsumption wider mich. Es blieb auch nicht darbey/ daß ich nach Belieben mochte stillschweigen/ denn der erste Abgesandte gab den Rath/man solte das Feurpfänchen vom Tische nehmen/ und mich mit dem blossen Hindern so lang drauff setzen / biß ich bekennen würde/wer ich wäre. Es kam auch schon ein Lumpen-Kerl/ und bließ die Kohlen auf; Ein ander gieng mir auf den Leib/und nestelte schon an den Hosen. Summa Summarum / die Schelmen wolten frembde Gebratens fressen. Zu meinem Glücke erblickte ich denselben / der mich unten an dem Berge empfangen / und hinauff geführet/ auf diesen berufft ich mich/ der würde mir Zeugniß geben/daß ich auß keiner bösen Intention hieher kommen. Und hätte er mich fast gezwungen mitzugehen / da ich nicht gewust / was er mit mir vornehmen wolte. Der gute Bruder erschrack hefftig / und gab vor / er hätte vermeynt / ich gehörte zu den Herren Abgesandten; und wäre ich die gröste Ursach daran / daß ich mit gegangen / wenn ich gewust / daß ich an dem Orte nichts verlohren hätte. Doch aller dieser Entschuldigung ungeacht / winckte der König etlichen Dienern / die rissen den armen Kerlen zu Boden / und bunden eine grosse Bärenhaut umb seinen gantzen Leib / setzten ihm eine dichte lederne Mütze vor das Gesichte / und hetzten also zwey grosse erschröckliche Hunde auf diesen Popantz loß / die kunten zwar durch das Fell nicht beissen / aber sie mochten ihn jämmerlich zwacken / denn er pfieff so lustig durch die lederne Mütze durch / daß es einen Stein hätte bewegen sollen / wenn anders die Barmhertzigkeit in solchen Felsen wohnete. Ich an meinem Orte war des Mitleidens wegen wohl entschuldiget / denn ich hatte vor mich zu sorgen / und wuste nicht / zu was vor einer Kurtzweil ich würde aufgesetzet werden. Als auch auf Befehl des Königs die Hunde weggeführet wurden / kamen etliche auf mich loß / und wolten mir auch ein solch Fell über den Kopff

werf-

werffen/aber der König befahl/man solte mich mit in den Garten bringen / da wolte er sich mit den Abgesandten erlustigen. Wieder eine Galgenfrist/ dachte ich bey mir / und ließ mich also hinführen. Doch hatte ich groß Glücke/ daß ein Ubelauffseher mitgieng / der verbot allen/ sie solten mir nichts zu Leide thun/ biß Königlicher befehl da wäre. Ich schielte diesen Patron ein wenig über die Achsel an/ und wuste nicht / ob ich ihn unter die groben und ungehobelten Knollen mit rechnen solte: Aber ich kunte nichts auß ihm machen/weil er mir zu geschwind auß den Augen kam. Damit ließen sie mich in einem dunckeln Gewölbe gantz allein/und verschlossen mich darinn / mit Versprechen/sie wolten mich bald nachholen. Nun war ich so offt auß meiner Noth kommen/daß ich nun anfieng hertzhafftiger zu werden/ und die gewisse Einbildung fassete / ich würde auch hier nicht stecken bleiben. Derhalben spatzierte ich hin und wieder/und sang dieses Lied in einer stoltzen Melodey daher:

Ich muß doch einmahl sterben/
Was frag ich denn darnach/
Ob ich im Alter fein gemach/
Und ob ich ietzo soll verderben/

Ich lebe nun so lang ich will/
Der Tod ist doch mein letztes Ziel.
Wohl dem/der alle Stunden
An seinen Tod gedenckt/
Der führt sein Leben ungekränckt/
Und hat die Angst schon überwunden.
Alsdenn so steht ein solcher Held/
Und trotzet gleichsam alle Welt.
Der thut mir keinen Possen/
Der mich dahin verdammt/
Wir Menschen sind doch insgesampt
In der Verfassung eingeschlossen.
Drumb nehm ich auch die Ordnung an/
Die kein Tyranne brechen kan.
Ich halt es vor ein Glücke/
Wenn man bey guter Zeit
Die Seele dieser Last befreyt/
Drum wird mir auch in solchem Stücke
Kein grosser Uberdruß geschehn/
Und solt ich ietz den Hencker sehn.

Gleich bey diesen Worten that sich die Thüre auf/ und hatte ich die henckermässige Schelmen nicht vergebens an die Wand gemahlt. Sie brachten Ordre, ich solte in den Garten geholet werden. Und da verdreust mich es noch auf einen/ der war überauß hönisch/ und zog mich in meinem Elend mit allerlerhand spitzigen Complimenten auf. Mein Hochgeehrter Herr/ sagte er/ wolle sich nicht lassen entgegen seyn/ daß er so lang ohne Gesellschafft gewesen/ wir haben an unserm Orte keine sonderliche Bequemligkeit/ so vornehmen Leuten auffzuwarten/ doch wird er uns höchlich verbinden / wenn er uns etwas befehlen will / dabey wir unsern Gehorsamb erklären können. Ich wuste wohl/ daß ihm die Reden nit vom hertzen giengen; Doch stellte ich mich gantz einfältig/ und bat ihn / mich mit solchen Ehrbezeigungen zu verschonen/ indem ich wol merckte / daß mir die Auffwartung besser anstehen würde/ als ihnen. Er aber fragte nichts darnach/ sondern fieng überlaut an zu schreien: Herr/ ich bin sein Diener/ und ich wolte/ er wäre ein Esel/ und ich sein Müller / ich wolte ihm alle Tage lassen einen Salat von Artschocken machen. Aber wie kommt es/ daß der Herr so sauer sieht / wil er seinen Sclaven keiner freundlichen Mine würdigen. Ich bat noch einmahl/ ich wäre solcher Sachen ungewohnt/ und müste mein Unglück bekennen/ daß ich keine Worte hätte ihm wieder zubegegnen. Da war er bald mit der Antwort fertig: Seht doch das hönische Rabenaaß / er spricht / er habe keine Wort im Vorrath / und hat doch beym Könige zu Tripstrill sollen Complimentir-Secretarius werden. Der Herr wird ja der Teutsche Kikero genennet/ und wie ich mir sagen lasse/ so hat er ein schön Complimentir-Buch unter den Händen/ das wil er mit Kupfferstücken in Lebensgrösse herauß geben. Er sey doch nicht so neidisch/ wir sind arme geringe Leute/ und habens auch gern/ wenn wir jemand rechtschaffenes reden hören. Er thue es immer einmahl ümbsonst/ wer weiß wo er ein andermahl vor einen Discurs ein paar dicke Gülden geschenckt kriegt. Ich dachte in meinem Sinn wie jener Junge/ und schwieg zu allem stille: da fuhr er fort/ und zausete mich bey dem Barte/ die Haare müssen unerhört schwer seyn/ daß er die Lippe davor nicht auffheben kan/ oder er hat das Maul offen gehabt/ da gleich ein Quarck spatzieren gegangen/ daß er nun die Taube nicht gern auß dem Neste lassen will. Botz tausend/ sagte er endlich/ wir haben ihm gewiß seinen gebührenden Titel nicht gegeben/ daß er sein Maul so in die zornige Falte legt. Ach Ehrenvester/ Kunstreicher/ Fürsichtiger Herr Esel/ gebt uns doch euren Ehrentitul in folio geschrieben/ wir wollen ihn in vigesimo quarto einbinden lassen/ daß wir ihn auf den Ermel stecken und stets im Gesichte haben können/ es wundert mich/

daß

daß er nicht einen Corduanischen Mantel umbnim̃t/und läst die Auffschläge mit Bernheuter-Zeug besetze/er solte trefflich schön kommen zu seinẽ Gravitätischẽ Minẽ absonderlich wenn J. Maj. ihn als ein Epitaphium im Sommerhause gebrauchen wolte. Solche und dergleichen Worte muste Ich einfressen/ und noch darzu dancken/daß sie es nicht ärger machten; biß wir in den Garten kamen/ da war alles voller Schnee und Eiß/daß ich leicht erachten konte/ sie müsten auf den Schrittschuhen gefahren seyn. Dazumahl sassen sie in dem Lusthause/ und hatten ein Groß Feur im Camin gemacht. Mein schöner Gefehrte nahm Gelegenheit und führte mich vor den König/ Jh. Maj. sagte er/ ich kan nicht beschreiben/ was dieses vor ein Redner ist/wenn er in das Schwatzen kömmt/ so hört er nicht auf/als biß ein Kind vom Himmel fällt/er hat uns den Weg hieher recht kurtz gemacht. Der König lachte ein bißgen/und gab dem ersten Abgesandten ein Zeichen/ er solte mich examiniren. Der fragte mich alsobald/Kerls/ wie heist du? Ich sagte/ ich heisse Siegmund. A. Wie bistu hieher kommen? S. Ich weiß nicht. A. Was hastu hier zu thun? S. Ich weiß nicht. A. Ist es nicht wahr/daß Verräther hier seyn? S. Ich weiß nicht. A. Was ist bey der Tafel geredt worden? S. Ich weiß nicht. A. Wer hat den Tumult angefangen? S. Ich weiß nicht. A. Wilst du dich mit der Esels Antwort behelffen/ so werden Leute da seyn/ die es anders suchen sollen! S. Ich will gern Antworten/ich weiß nur nichts. A. Bistu ein Teutscher. S. Ja. A. Was hälst du von den Teutschen. S. Ich weiß nicht! A. Du Narr/ was hälst du von dir selber? S. Das müssē andere Leute besser wissē. A. Bist du ein Christ? S. Ja. A. Was bist du vor ein Christ? S. Ein solcher/der den rechten Christlichen Glauben hat. A. An wen glaubst du aber/ an den Pabst/oder an Doctor Luthern? S. Ich glaube an Christum. A. Wie glaubst du aber/ auf Catholisch/ auf Lutherisch/ auf Reformirt? S. Auf alle drey. A. Wie kan das seyn? S. ich bin Catholisch / doch nicht Römisch. Ich bin Reformirt / aber nicht Calvinisch. Ich bin Lutherisch / doch sag ich lieber Evangelisch. A. So bist du ein Lutheraner? S. Ja ich gehöre denselben zu/ die also genennet werden. A. Was ist der Hauptpunct in deiner Religion? S. Die Verbindung meiner Unwürdigkeit mit Christi Gerechtigkeit. A. wie geht dieselbe zu? S. Auß lauter Gnaden. A. Woher weist du das? S.

Auß

Auß der H. Schrifft. A. Wer sagt dir/daß die H. Schrifft warhafftig ist? S. Der H. Geist gibt Zeugniß unserm Geist/ daß wir Gottes Kinder sind. A. Was ist das vor ein Zeugniß? S. es ist die innerliche Krafft oder Bewegung/ die durch das äusserliche Wort in mir erwecket wird. A. Kanst du nicht dadurch betrogen werden? S. Bin ich betrogen so bin ich selig betrogen. A. Wer klug ist/ wagt es nicht so blind hin. S. Wer klug ist/ irret in geistlichen Sachen am meisten. A. Was ist dir also die Vernunfft nütze? S. Daß ich sie unter dem Gehorsam des Glaubens gefangen nehme/und Gott dadurch preise. A. Wie aber wenn dieses Gottes Wille nicht wäre? S. Ich halte mich an das klare Wort. A. Dieses hat viel Außlegung. S. So bleib ich bey den deutlichen Worten. A. Auch diese treffen nicht ein. S. So halt ich andere Texte dargegen/ und forsche in der Schrifft. A. Du hältest also sehr viel von der Schrifft. S. Diß mus auch seyn. A. Wer hat dir Brieff und Siegel gegeben/ daß solche gewiß Gottes Wort ist. S. Ich empfinde es an der Würckung/wenn mich alle Menschen-Worte traurig machen/ so werde ich dadurch wieder frölich. A. Diß ist falsche Einbildung. S. Gott

erhalte

erhalte mich bey dieser Einbildung. A. Nach deinem Gefallen. Wie weistu aber/daß dich Gott erhalten wolle? S. Weil er mein Gebet erhören wil. A. Geschicht das allezeit. S. Ja wenn es im Glauben abgeht. A. In was vor Glauben? S. Das ist in gewisser Zuversicht/Gott sey mein Vater und könne mir als seinem Kinde nichts übels gönnen; Er habe es auch deutlich versprochen/ Er wolle uns erhören/ habe über diß befohlen/ daß wir in seinem Namen Ja und Amen selbst darzu setzen sollen. A. Du wirst aber nicht allezeit erhöret. S. Allezeit aber nach Gottes Willen / giebt er mir nicht das/ warumb ich bitte/ so giebt er mir was bessers. A. So höre ich wohl/ du bedarffst in deinem Glauben keine gute Wercke. S. Wer das saget/der thut den Evangelischen unrecht. A. Der Glaube macht ja allein selig. S. Aber er muß durch gute Wercke bezeuget und erwiesen werden. A. Der Glaube bezeugt sich selbst/weil Gott ein Hertzenkündiger ist. S. Es hat aber Gott also gefallen/daß Er auß den guten Wercken von dem Glauben urtheilen wil / wie man irgend auß den Früchten von dem Baume urtheilet. A. So verdienen die Wercke doch etwas? S. Es ist unmöglich/ wir haben in der Tauffe schon den

voll-

vollkommenen Christum mit aller Seligkeit angezogen/drum ist kein Verdienst mehr von nöthen. Nun bleiben wir nur bey dem Glauben/und versichern uns/daß wir in der Hoffnung selig sind/lassen unterdessen den Glauben fruchtbar seyn. Und in Warheit / wo ein rechter Glaube ist/da freuet man sich über die Vergebung der Sünden; wo aber diß geschicht/ kan man vorsetzlich in keine willigen/ oder wenn man auß Schwachheit gestrauchelt hat/kan man die Busse nicht auffschieben. A. Was ist denn die Busse vonnöthen / wo die Sünde schon vergeben ist? S. Sie ist darzu vonnöthen/daß ich meine Schwachheit erkenne / der Sünde feinder werde/ und also Gottes Gnade und Vergebung lerne hochhalten. A. Wie vielmahl sol man Busse thun? S. Man soll den alten Adam durch tägliche Reu und Busse ersäuffen. A. Du wirst aber in dem Jahr über viermahl nicht zur Beichte gangen seyn. S. Das ist ein anders. A. Ich halte nicht. S. Die Busse ist die innerliche Bekehrung zu Gott/ aber die Beichte ist das äusserliche Wort des Priesters / welches mir an Gottes Statt Vergebung der Sünden ankündiget. A. Was bedarff es dieses ankündigens/wenn die Sünde schon vergeben ist. S.

Wenn

Wenn wir alle im Glauben starck wären / so bedürfften wir es nicht. Nun will Gott unserm Unglauben gerathen wissen. In der H. Tauffe schenckt Er uns seine Gnade: In der Predigt läst er sie uns ins gemein anbieten. In dem Beichtstul bekräfftigt Er sie gegen einen iedweden insonderheit / und endlich im heiligen Sacrament des Altars versiegelt Er solches durch sich selbst. Ist also allenthalben eine Gnade / davon gehandelt wird. A. Auf die Masse wird das Christenthum sehr leicht. S. Ja leicht zu lernen / aber nicht leicht zu thun. A. Was darff man thun? S. Das erfähret ein Christ in Creutz und Anfechtung am meisten. A. Gott wird seine lieben Kinder nicht anfechten lassen. S. Zu ihren Schaden läst er sie nicht versuchen / aber wenn Fleisch und Blut wider den Glauben streiten wollen / muß solches durch dergleichen Mittel gedämpffet werden. A. Wer kan diß glauben? S. Ein Christ muß solches glauben. Denn er hat den Namen von Christo / der sein Creutz getragen hat / und dem er in allem soll gleich werden. A. So müssen die glückseligen Leute keine Christẽ seyn. S. Sie sind in grosser Gefahr / und darzu / mancher sieht vor der Welt glückselig genug auß / aber im Hertzen

tzen hat er manch heimliches Anliegen/das ihm die Freude versaltzen muß. A. Worinn besteht nun die Summa deines Glaubens? S. Von Natur bin ich verdammt. Christus hat solche Verdamniß überstanden. Den Himmel kan ich nicht erwerben/Christus hat mit erfüllung des Gesetzes solchen erworben / und mir diß erworbene Recht vollkommen geschencket. A. Gedenckest du dadurch selig zu werden? S. Freylich. A. So müssen die andern Religions-Verwandten verdammt seyn? S. Auf diese Frage muß man mit Unterscheid antworten. A. wie aber? S. Welche wider ihr besser Wissen und Gewissen eine Religion umb blosses Nutzens willen verfechten / oder welche die Evangelische Warheit erstlich erkennen/ und darnach umb liederlicher Ursach willen abfallen/die begehen eine Sünde in den Heiligen Geist / und kommen schwerlich zur Bekehrung. Von den andern aber die in solchen Glauben gebohren und erzogen sind/ mag GOtt richten/der da gerechter und weiser ist/als ich. Unterdessen sehe ich/daß sie eine Tauffe mit uns haben / und solcher gebrauchen in eben diesen Stücken wie wir. Ob nun GOtt so viel dem Teuffel einräumt/ daß er so ein herrlich Gnaden-Geschencke gantz könne zu Schanden machen/ daß wird sich dermahl-eins außweisen. Ich dancke Gott/daß ich meinetwegen versichert bin.

Er wolte weiter fragen/ es fiel ihm aber der andere Abgesandte in die Rede. Was/sagte er/ sollen wir mit den Pfaffen-Händeln die Zeit verderben. Man sieht wohl/daß er sich in die heutige Welt nicht schicken kan/ drumb hat er müssen außreissen/und ist zu uns hieher kommen. Ja hätten Ihre Königliche Majestet meine Gedancken/ er solte ins künfftige von uns bleiben. Der König sagte/ er hätte an allen meinen Reden gehört/ich müste nicht recht klug seyn/ derhalben solten die sämptliche Anwesenden ihre Vota lassen herumb gehen/was mit mir anzufangen wäre. Der erste Abgesandte meynte ich schickte mich am besten zum Stuben-Heitzer/ weil ich so eiferig Lutherisch wäre. Denn er besinne sich auf die Comœdie/ so Keyser Carolo V. zu Augspurg wäre præsentirt worden. Da hätte ein Mönch viel krumme Höltzer auf das Theatrum geworffen/solche hätte Reuchlinus und nach ihm Erasmus wollen zu rechte legen/ es wäre aber nicht von statten gangen/ biß Lutherus kommen/ der hätte nach keinem Versuchen Feuer aufgeschlagen/und die Höltzer alle angezündet.

Der

Der andere Abgesandte gedachte / er hätte einen Knecht / der wäre ein Schwenckfelder / den wolte er mit mir auf den Hieb und auf den Stoß mit zwey Bratwürsten zusammen lassen. Der dritte Abgesandte gab den Rath / man solte mich in ein groß Gebauer stecken / und in das Garten-Hauß setzen / mit dem Befehl / wenn iemand an denen im Keller stehenden Raritäten wolte Schaden thun / solte ich pfeiffen / und den Dieb anmelden. Die andern brachten andere Chosen vor / doch beliebte der König den Anschlag mit dem Gebauer / ließ auch einen grossen Rumpel-Kasten sechsmahl grösser als ein Hüner-Korb / herbringen. Da muste ich hinein kriechen / und die gantze Compagnie trefflich lachen lassen. Ich dachte es sind zwey Partheyen / eine im Gebauer / die andere draussen. Die draussen hält den drinnen vor einen Narren. Und der drinnen meynt die draussen sind nicht recht klug / so sind die Vota gleich. Hat doch Tamerlanes den grossen Türckischen Bajazeth in einem Gebauer durch Asien führen lassen. Und es ist bekandt / was vor stattliche Leute von Ludwigen dem Eilfften / König in Franckreich / sind im Käfig eingesperret worden. Solche schöne und stoltze Gedancken hätte mir niemand in

die-

diesem Lust-Hause zugetrauet.
als sich der König von hinnen erh
nachfolgete/ blieb ich gantz allein/
anfieng bange zu werden. Der
sich/ ich solte im finstern da stecken
wolte zu essen haben/ und es war
mich iemand auf den Morgen erl
Ich versuchte ob ich mich loßbr
aber es war vergebens; und ich h
nen Weg nach Hause gewust. I
ich erst an meinē Knecht/daß mich
same Tölpel umbgeworffen/da ich
sen Irrweg nicht gerathen wäre/
hätte sitzen lassen. Aber was hal
Dencken? dadurch kam ich nicht
hieng ich in dem Garten-Hause/ u
Thüre offen war/ konte ich bey
Dömmerung hinauß sehen. U
sentirten sich eben die kleinen Kolc
mich anfangs unten am Berge sc
kommen hiessen/ die warffen n
Schnee nach mir/ doch weiß ich r
so bald wegbrachte. In dem hör
Garten eine Stimme/ zwar weg
lichen Weite kondte ich nichts ver
lich kam sie näher/ und sagte folg
ich davon behalten habe:

Ach Teutschland / ach be dencke dich /
Was sollen doch die Hunde sich
Von deinetwegen rühmen?
Schau nur die schlaue Falschheit an
Wie mancher seine Boßheit kan
Durch Freundligkeit verblümen.
Sie meynens nicht so gut mit dir /
Die Worte geben Zucker für /
Im Hertzen liegt die Galle:
Sie schmücken sich mit ihrer List /
Und / wenn du nun betrogen bist /
So liegstu in der Falle.
Ach bleib in deiner Sicherheit /
Und laß die Teutsche Redlichkeit
Der Einfalt Schwester bleiben:
Jagstu dieselbe weg von dir /
So wirstu alle Lust und Zier
Zugleich ins Elend treiben.
Du bist die grosse Königin /
Drumb lege nicht den Zepter hin /
Vor die verfluchte Hunde.
Nim dich bey Zeiten nur in Acht /
Du hast in dieser freyen Macht
Noch eine gute Stunde.

Ich hörte diß / und gedachte / es müsse gleichwohl iemand vorhanden seyn / der es mit

Teutſchland auch gut meynte / und der zugleich meine Sache könte gut machen. Aber meine Freude ward zu Waſſer/ als ich nichts weiters hörete/ auch keinen Erlöſer merckte/ der eben mir zu Hülffe kommen wolte. Unterdeſſen ward es gantz finſter / das Feuer im Camin gieng auß / vom Hunger mag ich nichts gedencken / daß ich alſo an allen meinen fünff Sinnen geplagt genug war: Da meynt ich auch/ich würde wohl die Sonne nicht wieder aufgehen ſehen/ und bedachte mich allbereit/ wie ich ſterben wolte. In ſolcher Noth blieb ich über drey Stunden/ als jemand im Finſtern herab geſchliechen kam: Und mit leiſer Stimme fragte / wie wils guter Freund. Ich war froh/ daß ich vor meinem Ende eine Menſchen-Stimme hören ſolte/ und ſagte/ gar ſchlecht. Er fragte weiter/ ob mir kalt wäre. Ich antwortete/ es würde mich nun am längſten gefroren haben/ weil ich doch nichts anders / als den Tod zu gewarten hätte. Drauff kam er näher/ und ſagte/ ich ſolte mich zu frieden geben/ er ſey deßwegen da/ daß er mir helffen wolle. Er habe nur ſo lange verziehen müſſen/ biß er alle von ſich geſchaffet/ ſo ihme hätten können verhinderlich ſeyn. Ich wolte

wiſ-

wissen/wer er wäre: Doch antwortete er/ich solte mich vergnügen/daß er mein Freund wäre. Fieng darauff an zu erzehlen / was mit den Abgesandten ferner vorgelauffen. Ach sagte er/ was hat der andere Land-Betrieger noch vor Händel geschwatzt/ von hohen und niedrigen Personen. Es wäre kein Wunder/ wenn die alten Heyden wieder auß ihren Hölen hervor kämen/ und diese Christen in ihrer Ungerechtigkeit verdammeten. Ich sehe wohl/ die Liebe höret eben an dem Orte auff/ da sie anfänget / und wer seinen Nechsten lieben wil als sich selbst/ der kan kein Politicus seyn.

Hierauff fragte ich / was denn der dritte Abgesandte vor Thaten gethan hätte. Da gab er zur Antwort / was wolt er anders verrichtet haben / als Schaden / Unglück und Verderben. Er sagte/ er hätte seiner Collegen Anschläge zwar vor gut angesehen/ doch hätte der Machiavellische Hochmuth/ und die darauff erfolgende Ungerechtigkeit so gar nicht einreissen können/ daß nicht etliche Leute ihr Haab und Gut davor salvirt/ und in ihrem außträglichen Stande geblieben wären Solches hätte er nun auß allen Kräfften gern verderben wollen/ hätte derowegen die allgemeine Einbildung unter den Leuten eingeführet / man müste nach der Mode leben / und nicht allein alle viertel-Jahr die Kleider anders schneiden und verbrämen lassen ; Sondern auch im Haußrath / in Essen und Trincken bald so / bald anders handthieren. Da müsse es nothwendig geschehen / daß die übrigen Pfennige / die sonsten wohl möchten gespahret werden/ auff Lumpen und ander liederlich Zeug auffgehen / und also die liebe Armuth der Meisten Leute treuer und beständiger Haußgenosse wird. Er hatte auch nachdencklich angeführt / es klagte jedermann/ das Land könte sich nach dem Kriege nicht wieder erholen / die Nahrung sey nicht mehr so köstlich als vor diesem; Gleichwohl aber wolle niemand bedencken / daß man vor diesem nicht so einen grossen Staat geführet / und daß die Sparsamkeit ihr bester Zoll gewesen. Wenn auch eine Hoffart bey den Alten wäre mit untergelauffen / so hätte es mehrentheils in Ketten / Spangen / Gürteln/ und dergleichen Zierath bestanden / davon man endlich auch die Scherben brauchen könte/

da

da ietzund alle Frantzösische Haderlumpen kaum so viel taugten/daß man sie in die Papir-Mühle schickte.

Hier stund mein unbekandter Freund etwas in Gedancken/fieng aber bald an weiter zu reden. Muß es nicht wunderlich zugehen/ wo solches alles wahr ist/ daß Fürsten und Herren vor dem Bürger-Stande keine sonderliche Tracht behalten können. Auff die Masse muß es starcke Leute geben/ die Hauß und Hoff auff einem Kleide antragen. Müssen aber die Leute nicht offt in heimlichen Sorgen begrieffen seyn. Wenn sie entweder die neuen Trachten nicht schaffen können; Oder der Kauffman kommt und wil sein Laus Deo bezahlt haben: Oder wenn sie etwas kostbares bezahlt/und die Mode kommt ab. Solte man doch lieber in der Wüsten wohnen/ und einen ledern Gürtel umbbinden/ als daß man solche Grillen und Hauß-Sorgen über sich laden wolte.

Ich fiel ihm in die Rede/ mein Freund/ sagte ich/ diese Klage ist nun gar alt/ vor diesem haben die Leute eben so arg gestutzt/ als ietzund. Man sehe nur die abscheulichen Pluder-Hosen/ die lächerlichen Schurtz-

Hosen/ die langen Pickelherings-Hosen biß auff die Knöchel/ und was sonst in Hüten/ in Wämsern / in Röcken / in Strümpffen und Schuhen vor Eitelkeiten und Veränderungen von Jahr zu Jahr vorgenommen worden.

Das weiß ich wohl/ sagte er wieder/ daß die Teutschen / ob sie zwar in ihren Kriegen beständig genug gewesen: Dennoch in solchen Sachen allezeit einige Unbeständigkeit von sich blicken lassen; Aber was ist diß gegen die jetzige Welt. Vor Alters waren ja etliche/ die ihr Geld auff Kleider wendeten: Aber jetzo thut es die gantze Gemeine. Wo ist denn wohl ein Sohn/ der seines Vatern Kleider wolte anziehen/ oder eine Tochter/ die sich ihrer Mutter Tracht nicht schämte/ ich rede sagte er / nachdem ich das von dem Abgesandten gehöret habe. Wo haben sie bey den Alten die Zeuge/ die Bänder / die Spitzen/ die Borten/ und was des Bettels mehr ist/ so offt verändert. Jetzt muß der Zeug bald die Länge bald die Quere gestreifft / bald mit solchen/ bald mit andern Blumen / bald mit der/ bald mit einer andern Farbe gemacht werden. Die Spitze die heur schöne ist/ die ist in einem halben Jahre nicht mehr schöne: die Bänder sollen heute breit/ morgen schmahl/ übermorgen gemodelt/ und denn wieder anders seyn: Man weiß wohl/ was darhinter steckt. Die Frantzosen haben sich in den Ruhm gesetzt/ als wenn alle zierliche Moden bey ihnen zu Hause wären. Wolten sie nun lange bey einer Manier bleiben/ so lernten die Teutschen Zeugmacher und Bortenwürcker alles nachmachen; So müssen diese wohl zurücke stehen/ weil sie nicht wissen/was die neue façon ist; Und behalten demnach die Frantzosen ihr monopolium. Dadurch sind nun die Leute so verblendt/ daß/ ehe sie einen armen Klöppel-Mädgen vor eine Spitze einen Thaler geben/ so gehen sie zum Frantzosen/ der seine Spitzen eben wohl bey diesem Mädgen machen läst/ und giebt zehen Thaler davor. Denn das ist nun so bekandt/ als die Sonne am Mittage/ daß die Frantzosen ihre Sachen mehrentheils in Teutschland bestellen/ und hernach schweren/ daß ihnen die Augen bluten möchten/ es wäre mitten in Pariß gemacht werden. Ach wie viel Camsöler sieht man bey den Teutschen Schneidern liegen/ die hernach umb das doppelte Geldt verkaufft werden/ weil sie den Nahmen haben/ als wären sie in Franckreich gemacht. Wenn nun solche Blut-Egeln euer Marck und Blut an sich ziehen/ möchte man sich wol über die böse Zeit beklagen.

Und was wird mit den Edelgesteinen vor Pracht getrieben/ die doch/ wie Philippus Melanchthon gesagt/ nicht mehr wehrt sind/ als was ein reicher Narr darvor geben wil. Ich halte auch die Orientalischen Diamanten würden nicht so gemein werden/ wenn das Böhmische Gebürge nicht bißweilen Ost Indien präsentiren und außhelffen müste. Da sitzt darnach das Frauen-Zimmer auff Hochzeiten/ und anderswo/ und kehret sich sachte von einer Seite zu der andern/ nur daß die Edelgesteine braff spielen/ und den Umbstehenden das Gesichte verblenden sollen. Aber sie mercken nicht/ daß sie am meisten dadurch verblendet werden/ wenn sie die fressenden Geld-Würme auff dem Leibe herumb

umb tragen. Ein Johannis-Würmgen bleibt nichts mehr als eine Fliege / ob es noch so sehr funckelt: Und das faule Holtz scheinet im finstern am besten.

Die Rede ward mir etwas lang / dieweil ich in der Kälte lang gesessen / und gerne auß dem Gebauer wolte. Drumb bath ich / er solte mir herauß helffen / und mich in ein warm Losament bringen / so wolte ich gern den Discurs continuiren / drauff rieß er das Schloß am Gebauer hinweg / und ließ mich hinauß kriechen: Führte mich also im Finstern dahin / daß ich nicht wuste / ob ich besser oder schlimmer ankommen würde. Nur diß war mein Trost / daß ich meinem unbekandten Freunde nichts Böses zutrauen konte: Angesehen er so Tugendhaffte und Vernunfftmässige Reden vorgebracht. Wir kamen also durch den Garten durch / und geriethen in ein finster Stübchen / welches wohl sonst wenig Bequemlichkeit haben mochte / als daß es diesesmahl warm war. Ich befand mich wohl umb den Ofen / und danckte Gott / daß ich wieder auß einer Lebens-Gefahr errettet war / bath auch

 mei-

meinen Freund/ob ich nit etwas Liecht haben könte / meine Sachen zu recht zu legen: Doch die rechte Warheit zu sagen/ hätte ich diesen Menschen gern kennen lernen. Allein ich bekam zur Antwort: Wir müsten im Finstern sitzen bleiben; sonst möchten etliche ungefehr dem Liechte nachgehen / und uns zu unserm Schaden beysammen antreffen. Drumb gab ich mich zufrieden / und bedanckte mich / daß er mich wolle ohne Liecht sitzen lassen. Er aber kam wieder auf den vorigen Discurs. In Warheit/sagte er/ ich kan die losen Händel nicht vergessen / die ich bey der Abend-Mahlzeit gehöret habe. Müssen nicht viel Leute in grossem Elend stecken/ dazu sie selbst die meiste Ursach geben. Welches ist denn besser / ein betrübtes und sorgenvolles Gemüthe in einem schönen Kleide: Oder ein frölich und vergnügt Gemüthe in einem schlechten Kleide. Durch den äusserlichen Schein wollen wir die Leute bereden/als wären wir glückselig; und wir verderben uns eben dardurch unser Glücke / daß wir selbst nicht glauben können / was wir anderen Leuten weiß machen. Nun kömmt diß Unheyl noch darzu / daß der Pracht nicht allein in

Klei-

Kleidern beruhen kan ; In andern Diengen muß die Herrligkeit auch accordiren. Da siehet man in Häusern prächtige und kostbahre Mobilien / schönen Hausrath und andere Sachen/dardurch der Staat gehalten wird/ daß weil sonst alles schöne ist / man diesen Spruch mit güldenen Buchstaben darzu schreiben möchte

Und gleissen schön von aussen.

Was müssen darnach vor unermäßliche Unkosten auf dergleichen Eitelkeiten gehen/ welche man ietzund so vortrefflich beschönigen kan / daß auch das Geld / so dahin deputirt wird / ein Ehren-Pfennig heissen muß. Du schöner Ehren-Pfennig/ wenn du nicht wärest/ hätte mancher seine Ehre länger behalten/und wäre seiner Schande eher zu helffen gewesen. Da können ein paar Leute nicht zusammen in das Bette kommen / sie müssen ein Ehren-Gelack außrichten / davon sie hätten zwey Jahr können haushalten. Ist kein Geld vorhanden/so heist es/ geh und borge/ stecke es hernach den Köchen / Pfeiffern/ Hochzeit-Bittern/und andern Leuten in den

 Hals

Hals/die es in acht Tagen schon vergessen haben/ und wenig darnach fragen / ob du das Jucken im Nacken davon bekommen hast oder nicht. Was ist es nun Wunder / daß/ ihrer viel auf keinen grünen Zweig kommen/ wenn sie das Geld / so sie hätten sparen sollen/ auf einmahl an nasse Wahre legen / daß der Wein und Fleisch-Handel nicht untergeht. Hätte mancher darnach den Wein / das Bier und anders / das in der Hochzeit unnützlich verschleudert wird/ er würde die Finger darnach lecken. Doch dessen ungeachtet/wenn der liebe Gott ein Kindtauffen in das Haus bescheret/ da muß der Ehren-Pfennig wieder herauß/ und solte man den Teig und die Hefen zum Kuchen borgen. Denn es wäre eine Schande / die arme Kindbetterin würde auch in eine grosse Nachrede kommen/ wenn man den Staat nicht besser wolte in acht nehmen.

Ich fiel ihm in die Rede/ und verwieß ihm so höfflich / als ich kunte / wie daß die Ehren-Pfennige nicht gantz zuverwerffen wären. Wir lebten in der Republic beysammen/ nicht nur / daß wir uns ernehren / sondern

daß

daß wir auch ehrlich und bequemlich leben wolten. Habe doch der Herr Christus sein erstes Wunderwerck dazumahl erwiesen/ als Er auf einer Hochzeit zu Ehren erschienen: Warumb solte es unrecht seyn / dergleichen nachzuthun.

Mein Freund/ sagte er hinwiderumb/ freylich muß dieses der Deckel seyn daß man den rechten Gebrauch mit dem Mißbrauch in einẽ Topffe kochen will. Es hat seinen Ruhm/ wenn wohlhabende Leute den Uberfluß ihres Einkommens ohn allen Schaden also anwenden. Aber wo steht das geschrieben/ daß/ wenn einer das Jahr zweyhundert Gülden einzunehmen hat/ die Hochzeit mehr als sechshundert Gülden kosten muß: Oder/ daß mancher mehr auf die Kind-Tauffe wendet/ als er sein Leb-Tage dem Kinde wohl nicht mitgeben kan. Oder/ daß Er zu Ehren so und so viel Geld verspielt/ und hernach mit den Seinen zu Hause/ ich weiß nicht ob zu Ehren oder zu Schanden/ Hunger leyden muß. Oder/ daß er ein Gastgebot nach dem andern außrichten soll/ wenn gleich früh Morgens/ da alles verfressen ist/ die Haber-Suppe hernach

 kommt.

kommt. Dieses ist die Sache/welche Teutschland mit verderben hilfft. Und geht es nicht allein bey grossen und hohen Personen also zu. Die Bauren selbsten müssen ihre Fastnachten/ihre Kirmsen/und was des Bettels mehr ist/ nach aller Herrlichkeit anstellen/ solten sie auch die übrige Zeit Heu und Heckerling fressen.

Kurtz von der Sache zu reden/ wir wollen alle groß und angesehen seyn/ und gedencken nicht/daß GOtt/ der seine Herrligkeit besser außführen kan/ bey uns eben so gerne wolte groß und angesehen seyn. GOttes Ehre vergessen wir/unsere suchen wir: Also komt die umgekehrte Welt herauß/ die sich mit ihrem Wesen und allem Glücke verkehren muß. Trachteten wir nach dem Reiche GOttes und nach seiner Gerechtigkeit/ so würden uns die zeitliche Sachen nach aller Nothdurfft wohl zufallen. So trachten wir nach der Welt; damit fällt nicht allein die zeitliche Nothdurfft/sondern auch die Ewige auf einmahl hinweg.

Als er dieses gesagt/entstund ein trefflich

prasseln/ daß ich meynte / der Berg wolte in Stücken gehen: Doch tröstete mich mein Freund/ es wäre ein gut Zeichen / das grosse Thor unten am Berge würde nun zugemacht/ und weil die Wache dabey abzöge/ wolte er mich durch einen Schlupffwinckel hinunter bringen. Vermahnete mich darneben höchlich / ich solte sachte und stillschweigend fortgehen/ daß niemanden einige Gefahr darauß entstehen möchte. Ergrieff mich also bey der Hand / und führte mich den Berg hinauff/ zu einer grausamen Klufft/ welche im Finstern/ da der Schnee noch etwas Schein von sich gab/ viel abscheulicher außsah. Da sagte er nun/ ich solte hinunter klettern / ich würde auf beyden Seiten Bäume antreffen/ welche zu dem Ende hingepflantzet wären/ daß man/ nicht anders als auf einer Treppe fortkommen/ auch zur Noth außruhen könte. Ich besanne mich etwas/ und wuste nicht / ob ich deßwegen auß allem Unglück wäre erlöset worden/ daß ich nun in das ärgste fallen möchte: Doch auf gegebene Parol meines Freundes wolte ich in Gottes Namen die neue Art zu reisen auch versuchen; Nahm derhalben von diesem unbekandten Wolthäter gebühr-

lichen

lichen Abschied / bedanckte mich höchlich vor die unverdiente Freundschafft/ bath darneben inständig/ wenn er ja seiner so vielfältig erwiesenen Gütigkeit noch einen Zusatz gönnen wolte / so möchte er mich doch wissen lassen/ wem ich meine Erlösung dancken/ und wie ich mein danckbares Andencken ins künfftige abstatten solte. Er nahm meine Reden gar freundlich auf/ und entschuldigte sich / daß er mir nicht begegnen können/wie er gewünscht/ also / daß ich wenig Ursache haben würde/ grosser Danckbarkeit zu erwehnen. Wenn ich aber wissen wolte/ wer er wäre/ so könte er mir nicht verhalten/ wie er deßwegen von den damahligen Teutschen hieher gesetzt worden/ daß er/ unter dem Schnee den Wenden zu dienen / ihre Anschläge solte zu Nichte machen. Wie er denn nunmehr dahin bedacht wäre / welcher Gestalt den Boßhafftigen Abgesandten etwas in den Weg zu legen/und der Teutschen Sache zu helffen sey.

Hiermit gesegnete er mich/ und ich fieng an zu klettern/zwar ich hätte nicht gedacht / daß es noch so leicht solte angehn. Doch weil ich so fest muste zugreiffen/ ward ich so müde/daß

ich

ich etlichemahl auf den Bäumen stille saß. Es war auch unten am Berge nicht so kalt / als oben: Derhalben/damit ich den Schlaff vertreiben/und die Zeit passiren kunte / fieng ich an auf folgendes Lied zu dichten:

Grosser GOtt/ was soll ich sagen/
Schau das arme Teutschland an/
Welches sich von allen Plagen/
Selber nicht erlösen kan/
Weil der Feinde Macht und List/
Gar zu still und heimlich ist.
Nimm dich doch der armen Seelen
Als ein lieber Vater an/
Welche sich im Hertzen quälen/
Daß nunmehr fast iederman
Seines Lebens Nutz und Frucht/
In dem eiteln Wesen sucht.
Laß dein Wort in vollem Schwange/
Mit erwünschtem Nutzen gehn/
Daß die Feinde nicht so lange
Deinem Namen widerstehn/
Weil der Heuchler Ubermuth
Sonst den grösten Schaden thut.
Hilff/ daß wir den Himmel suchen/
Und die Welt mit ihrer Pracht

Gegen jener Lust verfluchen/
Welche nach des Todes Nacht/
Dreymahl wohl und ewig wohl
Unsern Geist erquicken soll.

Hier wolte ich weiter hinunter steigen/und meynte/ich hätte einen Zweig gar gewiß ergrieffen/aber die Hand fuhr mir ab / daß ich mit grossem Ungestümm die Klippe hinab fiel. Damit fuhr ich im Erschrecken auf/ und stieß mich mit dem Kopff an das Bette / davon erwachte ich.